논어산책

- 최남규 지음 -

勿施於人 물시어인

내가 하기 싫은 일은 남에게도 시키지 마라.

신아사

“This Research was supported by
Chonbuk National University Research Fund, 2013”

머리말

이 '논어산책'은 『논어(論語)』에 쉽게 접근하고자 하는 목적으로 쓴 책이다. 마치 숲 속을 '산책'하는 것처럼 부담 없이 『논어』에 대하여 이야기해 보고 이에 대한 생각을 서슴없이 말해보고자 한 것이다.

『논어』는 공자가 삶의 도리와 지혜에 관하여 제자들과 주고 받은 이야기를 기록한 어록이다. 본래 좋은 이야기를 들려주는 생활의 지침서인데, 그간 너무 의리(義理)적이고 철학적으로 접근하다 보니 일반인들이 쉽게 이해하기 어려운 딱딱한 고전물이 되어버렸다.

그동안 학생들과 몇 차례 『논어』를 읽은 적이 있는데, 읽으면 읽을수록 의외로 모두들 흥미를 가지고 좋아하였다.

『논어』는 성인의 고리타분하고 진부한 잔소리가 아니며, 따분하고 난해한 한문책은 더욱 아니다. 우리 이웃이나 가족이 부대껴 살아가면서, 서로 헐뜯거나 탓하며 아귀다툼 할 때, 이에 대한 고민을 카운슬링 해주고 또 격려해 주는 가장 일상적인 할아버지의 따뜻한 말씀과 같은 책이다.

집 떠나면 어디에 있는지 부모님께 안부를 전해라(「遊必有方」). 내가 하기 싫은 일은 남에게도 요구하지 마라(「己所不欲, 勿施於人」). 이천 여 년 전에 공자가 한 말이지만, 이는 현대를 살아가는 오늘날의 우리에게 가장 절실하고 필요한 말이다. 고고한 군자들에게 필요한 고리타분하고 어려운 철학적인 말이 아니라, 우리들이 살아갈 때 필요한 삶에 대한 이야기요, 기본적인 예절에 관한 내용인 것이다.

나는 아침마다 테니스를 한다. 오랜 기간 동안 레슨을 받았지만, 운동신경이 둔해서인지 실력은 겨우 사람들과 어울려 그런대로 시합할 정도이다. 시합을 하다보면 질 때도 있고 이길 때도 있지만, 막상 이기고 나면 그날 하루종일 기분이 좋다. 대부분 시합에 이기면 내가 잘한 것이고, 지면 파트너를 탓한다.

내가 실수를 했을 때 파트너가 나를 나무라면 기분이 좋지 않다. 만약에 파트너가 실수라도 하면, 사람은 「호위인사(好爲人師)」, 가르치기 좋아하는 습성이 있는지라, 이렇게 쳐라 저렇게 쳐라 잔소리를 한다. 이 버릇을 고치려 부단히도 반성하고 노력하지만 여전히 쉽지가 않다. 『논어』에서는 「군자구기, 소인구인(君子求己, 小人求人)」, 군자는 자기에게서 잘못을 찾지만 소인은 남 탓으로 돌린다고 했다.

『논어』는 그들이 살아가면서 끊임없이 반성하고 제기하였던 자신들의 과오에 대한 외침이면서 우리에게 들려주는 사랑의 배려이다.

「물시어인(勿施於人)」은 '입장 바꿔 생각하라'는 말이다. 내가 하기 싫은 일은 남에게도 시키지 말라는 말이다. 가슴 속에 항상 새겨 두고 되씹고자 하는 명언이다.

살아가면서 남을 미워할 때가 많다. 우리는 자신이 따르는 절대자를 통하여 반성하기도 하고, 또 스스로 자신을 용서하면서 살아가기도 한다.

『논어』는 내 자신에 대한 성찰의 메시지이자, 내가 만들어낸 모순을 깨닫게 하는 안내서이고 그 해답을 찾는데 함께 하는 인생의 동반자이다.

'물시어인'은 『논어』를 읽으면서 평생 동안 지침으로 삼고 싶은 사고물이다. 정의를 실현하거나 진리를 탐구하는 학술적 연구물이 아니라, 살아가면서 실천하고픈 덕목, 좌우명이다. 다소나마 위안을 찾아보고 좀 더 합리적인 나만의 답안을 찾고자 하는 노력의 한 단면이기도 하다.

『논어』는 절대 어려운 책이 아니다. 철학적 논리와 이론에 관한 연구는 철학자가 할 일이다. 우리는 이 책을 고민에 빠진 나를 격려해주고 방향을 제시해주는 좋은 상담자로 여기면 된다.

학생들과 『논어』를 읽을 때, 첫 구절부터 하나하나 읽는 방식은 효과가 없었다.

『논어』의 구절 중에서 이미 일상 생활어가 되어 자연스럽게 쓰이고 있는 명언을 택하여, 우리 자신의 생각을 이야기 해보고, 이와 관련된 내용을 『논어』 속에서 다시 살펴보는 학습 방법이 오히려 상당한 효과를 거두었다. 이 책도 『논어』의 글귀 중에서 명언(名言) 또는 성어(成語)가 된 내용들을 내 자신의 일상생활과 연결하여 사고해 보고자 하는 의도로 쓴 것이다. 그래서 『논어』 구절에 대한 해석도 철학적 개념으로 접근하지 않고, 일상적인 생활의 이야기로 이해하면서 번역하기로 했다.

사실 『논어』를 이해하기 위해서는 많은 참고서가 필요하다. 각 구절에 대한 이해도 학자마다 다르다. 세계적으로 유명한 『논어』 주석서만도 수 백 종에 달한다.

이 책에서 『논어』 해석은 가장 일반적이고 적절한 해석을 선택하고자 노력하였지만, 그래도 양백준(楊伯峻)의 『논어역주(論語譯注)』를 주로 참고하였다. 이외에 다른 책도 참고하였으나, 본 저서 특성상 일일이 그 출처는 밝히지 않기로 한다.

또한 문장의 내용을 이해하기 위하여,『논어』의 구절을 중복 인용해야 하는 경우에는 기꺼이 중복 인용하기로 한다. 또한 중복 인용된 구절은 문장의 내용과 상황에 따라 해석해야 하기 때문에 우리말 해석과는 약간 다를 수 있다.

『논어』는 짧은 대화체의 어록이다. 앞 뒤 문맥을 이해할 수 있는 공간(언어환경)이 적다보니 다양한 해석이 가능하다. 그래서 공자 시대의 사회적 배경과 문화에 대한 이해가 뒷받침 되어야만 내용을 제대로 이해할 수 있다. 시대적 배경을 고려하지 않고 임의로 시간과 공간을 초월하여 현대적으로 해석한다면 잘못된 해석이 될 수도 있다. 그러나 일생동안「회이불권(誨而不倦)」– 가르치기를 게을리 하지 않았고, 교육을 가장 가치 있는 일로 여겼던 공자는 한 자 한 자의 해석이 시비에 얽매이는 것을 원하지 않을지도 모른다. 인(仁)이라는 큰 테두리 안에서 인간이 인간다워지려 힘쓰고 노력하는 모습으로 이해하는 방식을 더 좋아할지도 모른다. 그래서『논어』를 가능한 한 현재 우리가 살아가는 일상으로 끌어들여 우리의 생활 그 자체로 이해하고자 하였다.

책이 나오기까지 중문과 강윤형 박사와 문혜정 박사가 교정하느라 수고가 많았다. 다시 한 번 감사드린다.

全州 訓詁樓에서 崔南圭
2013년 7월 말

目次

논어산책

물시어인 勿施於人

내가 하기 싫은 일은 남에게도 시키지 마라

1. 물어라

不恥下問 불치하문

아랫사람에게 묻는 것을 부끄럽게 생각하지 말라

아랫사람에게 묻는 것을 부끄럽게 생각하지 말고, 많이 물어보아라. 「불치하문(不恥下問)」은 자신이 남들보다 좀 더 학식이 있고 잘났다고 생각하여 다른 사람에게 묻는 것을 수치스럽게 생각하는 우리들에게 꼭 필요한 말이다.

「불치하문」은 공야장(公冶長)에 나오는 말이다. 위(衛)나라 大夫인 공어(孔圉)는 시호(諡號)가 공문자(孔文子)이다. 자공(子貢)이 공어의 시호(諡號)가 왜 「文」이냐고 묻자, 공자는 총명하고 배우기 좋아하며, 아랫사람에게 묻는 것을 부끄럽게 여기지 않기 때문이라고 했다.(1)

죽고 나면 살아생전의 행동거지나 또는 업적에 따라 시호를 짓는데, 공어는 허심탄회하고 정직하며 배우기를 좋아하여, 묻기를 게을리 하지 않았기 때문에 「文」이라는 시호를 받았던 것이다.

「치(恥)」는 '치욕(恥辱)을 당하다', '수치스럽다'는 말이다. 고문자는 「」로 쓴다. 편방이 「耳」와 「心」으로 이루어진 자이다. 수치스러운 말을 귀로 들으니, 마음에 부끄러움을 느끼는 것이다. 이 자

는 편방「耳」와 소리부「止」를 써서「耻()」로 쓰거나, 혹은 편방「糸」와 소리부「止」를 써서「糹止()」로 쓰기도 한다. 음은 모두「치」이다.

우리는 주위에서 총명하긴 한데 열심히 노력하지 않는 사람을 종종 본다. 머리가 좋으면서 열심히 노력도 한다면, 개인별로 차이는 있겠지만 적어도 자신이 원하는 목적을 이룰 수 있을 것이다.「文」은 총명하면서도 배우기 좋아하여 아랫사람에게 묻기를 부끄럽게 생각하지 않는 지식을 상징한다.

「文」의 고문자「」·「」·「」은 사람 몸에 그리는 문신(紋) 모양이다. 문자 역시 문신처럼 그리고 장식하는 것이다.「文」은 후에 문장이라는 의미로 쓰였고, 문장을 잘 쓰는 사람이나 또는 학문을 가리키는 의미로도 쓰였다.

지위가 높은 사람이 자기보다 낮은 사람에게 묻기는 쉽지 않다. 특히 어떤 분야에 전공자라면 비전공자나 아랫사람이 더 많이 알고 있으면 심사가 편치않다. 그러나 선생이라도 모르는 것이 있으면 학생에게 물어야 한다.

지식과 지혜는 다르다. 공자는 자공에 비해 장사를 잘하지 못했고, 농사 짓는 일은 농부보다 나을 리 없었다. 공자가 비록 성인군자라 해도 각 분야의 전문적인 지식은 전문인 보다 못할 수 있다. 모르면 물어야 한다. 묻는 것보다 더 좋은 방법은 없다. 길을 가다가 모르면 남녀노소를 막론하고 물어야 하고, 인생의 길에서 방황할 때는 남녀노소를 막론하고 지혜로운 사람에게 물어야 한다.

우리는 물음에 익숙치 않다. 묻는 것이 창피한 것이 아니라, 모르는 것이 부끄러운 일이며, 상대방에 대한 예의도 아니다.

공자가 태묘에 들어가 제사를 도울 때 매사를 물어 보았으며, 묻는 것이 예(禮)라 하였다. 매사에 신중하고 알아도 다른 사람과 손발을 맞추기 위해서 물었던 것이다. 이것이 예절이다.(2)

자기가 잘 안다고, 다른 사람은 배려하지 않고 혼자서 자기 방식대로만 한다면 절대 일이 잘 성사될 리 없다.

번지(樊遲)가 공자에게 농사짓는 방법을 배우려 하자 자신은 숙련된 농부보다 못하다 하였고, 채소 가꾸는 법을 배우려 하자 숙련된 원예사보다 못하다고 했다.(3) 사람마다 전공이 있는 것이다. 공자는 인의예지(仁義禮智)를 널리 알리는 것이 목적이었고 그것이 공자의 전공이다. 설사 농사짓는 법을 안다 해도 이를 가장 중요한 업으로 삼는 사람보다는 못했을 것이다.

이 세상의 모든 일을 다 알 필요는 없고, 그럴 필요도 없다. 모르면 물어보고 전문가에게 맡기면 되는 것이다. 따라서 아는 것을 안다고 하고 모르는 것을 모른다고 하는 것이 진정으로 아는 것이다.(4)

세 사람이 함께 할 때, 그 중에는 반드시 스승이 있다. 좋은 점이 있으면 배우고, 나쁜 점이 있으면 그렇게 하지 않으면 되는 것이다.(5) 세상 모든 것이 다 스승이다. 모르면 물어야 한다.

우리는 대개 '불치하문(不恥下問)'보다 가르치기를 좋아하고(好爲人師, 호위인사), 스스로가 가장 잘났다고 생각하여(自高自大, 자고자대) 자기 생각만 옳다고 여겨 자문을 구하려 하지 않는다(師心自用, 사심자용). 한유(韓愈)는 나이나 선후배에 상관없이 먼저 도를 깨우치면 모두가 스승이라 하였다.

자기 자신보다 후에 태어났더라도 자신보다 먼저 도리를 깨닫는다면, 그를 스승으로 삼아야 한다. 이는 도의 이치를 스승으로 삼는 것이지 나이의 많고 적음과는 상관없기 때문이다. 귀천과 연배를 가리지 않으니, 도가 있는 곳에 스승이 있는 것이다.(5)

학생을 가르칠 때도 마찬가지다. 때로는 학생 질문에 답을 못하는 경우도 있다. 굳이 아는 척하며 얼굴 빨개지고 더듬거리기보다는 모르니 다음 시간에 조사해서 알려주겠다고 하면 된다. 모르는 것은 절대 부끄러운 것이 아니다. 부끄러운 것은 아는 척하고 겸손하지 않아서 노력하지 않는 것이다.

중국 속담에 총명해서 오히려 실패한다는 말이 있다.(6) 기회나 조건이 남보다 좋거나 뛰어나면, 그로 인해 자만하여 오히려 실패하거나 시련을 겪게 된다는 말이다. 송나라 소식(蘇軾)은 모두들 자식이 총명하게 자라길 바라지만, 자신은 오히려 이 총명 때문에 일생이 어긋났다고 했다.(7) 총명하면 총명할수록 더 겸손하고 아랫사람에게 더 물어야 한다.

인용 원문

(1)

자공이 물었다.

"공문자를 왜 文이라고 하였습니까?"

공자가 말하였다.

"민첩하면서 배우기를 좋아하고 아랫사람에게 묻는 것을 부끄럽게 생각하지 않아서다. 이 때문에 그를 文이라 한 것이다."

子貢問曰: "孔文子何以謂之文也?"

子曰: "敏而好學, 不恥下問, 是以謂之文也."(《論語 · 公冶長》 05.15)

(2)

공자가 태묘에 들어가 매사를 물으니 어떤 사람이 말하였다.

"누가 추(鄒)땅의 아들이 예를 안다고 하였던가? 태묘에 들어가 매사를 묻더라."

공자가 이 말을 듣고 말하였다.

"이것이 바로 예(禮)다."

子入太廟, 每事問. 或曰: "孰謂鄹(鄒)人之子知禮乎? 入太廟, 每事問."

子聞之, 曰: "是禮也."(《論語 · 八佾篇》 03.15)

'鄹(鄒)人之子'는 공자를 가리킨다. 공자의 아버지 숙량흘이 추(鄒) 지방의 大夫였다.

(3)

번지가 공자에게 농사 짓는 법을 물었다.

공자가 말하였다.

"나는 숙련된 농부보다 못하다."

채소 가꾸는 법을 배우기를 청하자 공자가 말하였다.

"나는 숙련된 원예사보다 못하다."

번지가 나가자 공자가 말하였다.

"번지여! 소인이구나. 윗사람이 예를 좋아하면 백성들이 감히 공경하지 아니함이 없고, 윗사람이 의를 좋아하면 백성들이 감히 복종하지 아니함이 없고, 윗사람이 믿음을 좋아하면 백성들이 감히 진실대로 아니함이 없다. 무릇 이와 같이 된다면 천하의 백성들이 자기 자식을 포대기에 싸서 업고 올 것인데, 어찌 농사짓는 방법을 쓰겠는가?"

樊遲請學稼.

子曰: "吾不如老農."

請學爲圃.

曰: "吾不如老圃."

樊遲出.

子曰: "小人哉, 樊須也! 上好禮, 則民莫敢不敬, 上好義, 則民莫敢不服, 上好信, 則民莫敢不用情. 夫如是, 則四方之民襁負其子而至矣, 焉用稼?"(《論語 · 子路》 13.04)

(4)

공자가 말하였다.

“由(자로)야, 내가 너에게 안다는 것이 무엇인지 가르쳐 주겠다.

아는 것을 안다고 하고 모르는 것을 모른다하는 것이 아는 것이다.”

子曰: “由, 誨女知之乎. 知之爲知之, 不知爲不知, 是知也.”

(《論語 · 爲政》 02.17)

(5)

나보다 후에 태어났더라도 나보다 먼저 도를 깨달았다면 또한 그를 쫓아 스승으로 삼겠다.

나는 도를 스승으로 삼고 있으니 어찌 나이가 많고 적음에 개의하겠는가.

그래서 귀천과 연배를 가리지 않으며, 도가 있는 곳에 스승이 있는 것이다.

生乎吾後, 其聞道也, 亦先乎吾, 吾從而師之.

吾師道也, 夫庸知其年之先後生於吾乎?

是故無貴無賤, 無長無少, 道之所存, 師之所存也. (韓愈, ≪師說≫)

(6)

총명한 사람은 오히려 그 총명함으로 일을 그르치게 된다.

“聰明反被聰明誤.”

(7)

사람들은 모두 자식이 총명하기를 바라지만, 나는 오히려 그 총명함 때문에 일생을 그르치게 되었네.

"人皆養子望聰明, 我被聰明誤一生."(蘇東坡,《洗兒》)

2. 기쁘지 않겠는가

不亦樂乎 불역낙호

공부를 하고 벗이 멀리서 찾아오니 기쁘지 않겠는가

「불역낙호(不亦樂乎)」는 '정말 통쾌하다!'·'정말 기쁘다!'의 뜻이다. 멀리서 친구가 나를 찾아오니 이 또한 기쁘지 않겠는가!(8)

『논어』의 첫 장에 나오는 말이다. 『논어』 첫 구절에는 세 가지가 언급되어 있다. 배우며 이를 자주 생활에 응용하는 일,(9) 뜻을 같이 하는 친구가 멀리서 찾아오는 일, 남이 나를 알아주지 않아도 화를 내지 않는 일이다.(10) 앞의 두 일은 즐겁고 기쁜 일로 표현하였다.

남이 알아주지 않아도 묵묵히 자신의 신념을 위하여 노력하는 일은 옛날이나 지금이나 어려운 일이고, 성인군자도 역시 실천하기 힘든 일이었나보다.

『논어』에서 '군자(君子)'와 반대되는 사람은 '소인(小人)'이라 한다. 이 둘은 자주 비교되어 반대되는 개념으로 쓰인다. 군자가 인격의 완성자라면 소인은 그 반대이다. 혹은 좋은 사람과 나쁜 사람이거나, 노력하는 사람과 게으른 사람의 차이일 수도 있다.

「유붕자원방래(有朋自遠方來)」 중의 '친구(朋)'를 어떤 사람은 도의적인 의미로 해석하지 않고, 공자가 중국 최초로 사설학교를 운영하였기 때문에 공자의 명성을 듣고 찾아오는 수강생들로 이해하기도 한다. 멀리서 찾아오니 기분 나쁠 리가 없었을 것이다.

또는 공자 자신과 뜻을 같이 하는 사람으로, 소인배가 아닌 군자가 되기 위해 공자와 학문의 세계를 같이 하고자한 친구일 수도 있다.

주사(朱砂)를 가까이 하면 빨간 물이 들고, 먹물을 가까이 하면 검게 되는 것이다.(11) 십계명을 읽게 한 후 시험을 치르게 하면 부정행위가 훨씬 줄어들고, 옆에 보는 사람이 있으면 손을 더 깨끗이 씻는다고 한다.

모든 행위의 근본은 마음이다. 우리가 군자의 행실을 자주 생각하면, 당장 군자가 되지 않더라도 군자에 가까워질 수 있다. 아래는 『논어』에서 말하는 군자와 소인이다.

> 군자는 두루 조화를 이루고 남과 비교하지 않지만,
> 소인은 남과 비교하고 두루 조화를 이루지 못한다.(12)
>
> 군자는 덕을 생각하지만 소인은 땅을 생각하고,
> 군자는 법대로 하고자 하나, 소인은 혜택 받기만을 원한다.(13)
>
> 군자는 의리에 밝고, 소인은 이득이 되는 일에 밝다.(14)
>
> 군자다운 학자가 되어야 하지,
> 소인 같은 학자가 되어서는 안된다.(15)

군자는 너그럽고 당당하지만,
소인은 조마조마하고 초조해 한다.(16)
군자는 남의 좋은 점을 더 드러내주고,
나쁜 것은 이루어지지 않게 하지만, 소인은 이와 반대다.(17)

군자의 덕은 바람과 같은 것이고,
소인의 덕은 풀과 같은 것이기 때문에,
풀은 바람이 부는 방향으로 눕는다.(18)

군자는 남과 조화를 이루지만 남과 똑같이 행동하지 않고,
소인은 남과 뜻을 같이 하지만 조화를 이루지 못한다.(19)

군자는 태연하되 교만하지 않고,
소인은 교만하면서 태연하지 않다.(20)

군자를 섬기기는 쉬워도 기쁘게 하기는 어렵다.
도리(道理)가 아닌 것으로 기쁘게 하고자 하나 기쁘게 할 수 없으며,
사람을 쓸 때에는 그 그릇에 맞게 한다.
소인은 섬기기가 어려우나 기쁘게 하기는 쉽다.
비록 도리가 아닌 것으로도 기쁘게 할 수 있고,
사람을 쓸 때에는 완전히 갖추어지기를 바란다.(21)

군자는 위로 통달하고(인의를 추구하고),
소인은 아래로 통달한다(이익을 추구한다).(22)

군자이면서도 인(仁)하지 않는 자가 있으나,
소인 중에는 인(仁)한 자가 없다.(23)

군자는 자기 탓을 하지만,
소인은 남 탓을 한다.(24)

군자는 곤궁하여도 굳게 지키지만,
소인이 곤궁하면 함부로 하게 된다.(25)

군자는 좁은 전문분야를 알지 못해도
큰 업무를 부여받을 수 있고,
소인은 큰 업무는 부여받을 수 없으나
본인의 전문분야는 알 수 있다.(26)

군자는 천명 · 대인과 성인의 말 세 가지를 두려워하지만,
소인은 천명을 모르기 때문에 두려워하지 않고,
대인(大人)을 함부로 대하며, 성인의 말을 업신여긴다.(27)

군자가 용맹하나 만약에 도의(道義)가 없다면 난을 일으킬 수 있고,
소인은 용맹하나 도의가 없으면 도둑질을 한다.(28)

군자가 도를 배우면 남을 사랑하고,
소인이 도를 배우면 부리기가 쉽다.(29)

군자는 성인과 같지 않아도 좋다. 열심히 도의를 실천하기 위하여 노력하는 사람이고, 사회에서 좋은 사람이면 된다.

「樂」자를 고문자에서는 「」·「」·「」으로 쓴다. 나무에 줄을 맨 거문고나 가야금 같은 악기의 모습이다. 노래를 부르고 악기를 연주하면 즐겁기 때문에 「즐겁다」는 의미로 쓰인다.

『논어』에서 「樂」자는 즐겁다는 「락(낙)」과 음악이라는 「악」, 이외에 「지자요수(知者樂水)」·「인자요산(仁者樂山)」에서는 「요」로 읽는다.

나와 의기투합하는 좋은 친구가 멀리서 찾아오니 이보다 더 기

쁜 일이 어디 있겠는가! 공자는 친구가 찾아오는 즐거움 이외에 가르치는 것과 배우는 것을 가장 큰 기쁨으로 여겼다.

공자는 누구라도 말린 고기 한 다발의 예만 갖추면, 학생으로 받아주지 않는 적이 없었다.(30)

공자는 자기 자신을 가르켜 분발하여 노력하기를 밥 먹는 것도 잊고, 배움이 즐거워 걱정거리도 잊고 늙어가는 것도 모르는 사람이라고 했다.(31)

소신있게 산다는 것은 중요한 일이다.

맛없는 음식을 먹고, 물로 배를 채우고, 팔베개를 하고 자도 그 가운데 행복이 있을 수 있다. 의롭지 않게 얻은 부귀나 명예는 한낱 뜬 구름과 같은 것이다.(32)

무릉도원(武陵桃源)에 산다는 것은 어떤 것인가.

어느 날 공자가 제자 자로(子路), 증석(曾晳, 點), 염유(冉有, 求), 공서화(公西華, 赤)에게 자신의 계획을 소신껏 이야기 해보라고 하였다. 모두 정치에 관한 포부를 이야기할 때, 증석은 늦은 봄날 봄옷을 입고 관을 쓴 사람과 동자들이 함께 어울려 기수(沂水) 강가에서 목욕을 즐기고, 무우제(舞雩祭)를 지내는 제단이 있는 곳에 올라가 바람을 쐬다가 노래를 부르며 돌아오는 것이 자신이 꿈꾸는 동경의 세계라 하였다.(33) 공자도 이에 동감한다.

그렇다면 어떤 사람이 이런 생활을 즐길 수 있는가.

인하지 못한 자는 곤궁한 생활을 오랫동안 견디지 못하고, 오랫동안 그 즐거움을 즐길 줄 모르는 것이다.(34)

배우고 알아야 놀 줄도 알고 즐길 수도 있다. 축구나 테니스 같은 모든 스포츠 게임도 그렇고, 각종 예술의 창작 역시 어느 정도 수준이 되어야 즐길 수 있다. 여행을 할 때, 아는 만큼 보인다는 것도 같은 맥락이다. 그 묘미를 알아야 즐길 수 있는 것이다. 그래서 공자는 아는 것은 좋아함만 못하고, 좋아함은 즐기는 것만 못하다고 했다.(35)

이 아름다운 한 인생을 즐길 줄 알아야 모든 것에 따스한 눈길을 줄 수 있다.

인용 원문

(8)

멀리서 친구가 찾아오니 또한 기쁘지 아니한가?

"有朋自遠方来, 不亦樂乎!"(《論語 · 學而》01.01)

(9)

배우고 수시로 익히니 또한 기쁘지 않겠는가!

"學而時習之, 不亦說乎."(《論語 · 學而》01.01)

(10)

다른 사람이 몰라줘도 화내지 않으면 또한 군자가 아니겠는가!

"人不知而不慍, 不亦君子乎."(《論語 · 學而》01.01)

(11)

주사를 가까이 하면 빨갛게 되고, 먹물을 가까이 하면 검게 된다.

"近朱者赤, 近墨者黑."(晉 傅玄《太子少傅箴》)

(12) *12에서 29까지는 본문내용 참고.

"君子周而不比, 小人比而不周."(《論語 · 爲政》02.14)

(13)

"君子懷德, 小人懷土. 君子懷刑, 小人懷惠."(《論語 · 里仁》04.11)

(14)

"君子喻於義, 小人喻於利."(《論語·里仁》04.16)

(15)

"女爲君子儒, 無爲小人儒."(《論語·雍也》06.13)

(16)

"君子坦蕩蕩, 小人長戚戚."(《論語·述而》07.37)

(17)

"君子成人之美, 不成人之惡. 小人反是."(《論語·顔淵》12.16)

(18)

"君子之德風, 小人之德草, 草上之風, 必偃."(《論語·顔淵》12.19)

(19)

"君子和而不同, 小人同而不和."(《論語·子路》13.23)

(20)

"君子泰而不驕, 小人驕而不泰".(《論語·子路》13.26)

(21)

"君子易事而難說(悅)也. 說(悅)之不以道, 不說(悅)也. 及其使人也, 器之. 小人難事而易說(悅)也. 說(悅)之雖不以道, 說(悅)也.

及其使人也, 求備焉. "《論語 · 子路》13.25)

(22)

"君子上達, 小人下達." (《論語 · 憲問》14.23)

(23)

"君子而不仁者有矣夫, 未有小人而仁者也. (《論語 · 憲問》14.06)

(24)

"君子求諸己, 小人求諸人." (《論語 · 衛靈公》15.21)

(25)

"君子固窮, 小人窮斯濫矣." (《論語 · 衛靈公》15.02)

(26)

"君子不可小知而可大受也, 小人不可大受而可小知也." (《論語 · 衛靈公》15.34)

(27)

"君子有三畏. 畏天命, 畏大人, 畏聖人之言. 小人不知天命而不畏也, 狎大人, 侮聖人之言." (《論語 · 季氏》16.08)

(28)

"君子有勇而無義爲亂, 小人有勇而無義爲盜." (《論語 · 陽貨》17.23)

(29)

"君子學道則愛人, 小人學道則易使也." (《論語 · 陽貨》17.04)

(30)

공자가 말하였다.

말린 고기 한 다발 이상을 가져와 스승의 예를 갖춘 자에게 내 일찍이 가르쳐 주지 않은 적이 없었다.

子曰: "自行束脩以上, 吾未嘗無誨焉." (《論語 · 述而》07.07)

(31)

공자가 말하였다.

너는 어찌 그 사람(공자)됨이 분발하기를 식음을 잊을 정도로 하며, 기뻐서 걱정을 잊어버리고, 늙어가는 것도 모른다하지 않았는가!

子曰: "女奚不曰, 其爲人也, 發憤忘食, 樂以忘憂, 不知老之將至云爾." (《論語 · 述而》07.19).

(32)

공자께서 말씀하셨다.

거친 밥을 먹고 물을 마시고 팔베개를 하고 누워도 즐거움이 또한 그 가운데에 있으니, 의롭지 않으면서 부자가 되고 명예가 있는 것은 나에게 뜬 구름과 같다.

子曰: "飯疏食飮水, 曲肱而枕之, 樂亦在其中矣. 不義而富且貴, 于我如浮雲." (《論語 · 述而》07.16)

(33)

증석(曾皙, 點)이 말하였다.

늦봄에 봄옷이 마련되면 관을 쓴 사람 5–6명과 동자 6–7명과 기수(沂水)에 가서 목욕을 하고, 무우에서 바람을 쐬다가 노래하면서 돌아오겠습니다.

공자는 아! 하고 감탄을 하면서 나도 점(증석)과 같이 하겠다라 했다.

(曾皙)曰: "莫春者, 春服既成, 冠者五六人, 童子六七人, 浴乎沂, 風乎舞雩, 咏而歸.

夫子喟然嘆曰, 吾與點也." (《論語 · 先進》11.26)

(34)

공자가 말하였다.

인하지 못한 자는 오랫동안 근검한 생활을 할 수 없으며, 오랫동안 즐거움에 있지 못한다.

그래서 인한 사람은 인을 편히 여기고, 지혜로운 사람은 인을 이롭게 여긴다.

子曰: "不仁者不可以久處約, 不可以長處樂. 仁者, 安仁, 知者, 利仁." (《論語 · 里仁》04.02)

(35)

공자가 말하였다.

아는 것은 좋아함만 못하고, 좋아함은 즐기는 것만 못하다.

子曰: "知之者不如好之者, 好之者不如樂之者." (《論語 · 雍也》06.20)

3. 월권하지 마라

不在其位, 不謀其政 부재기위, 불모기정

그 지위에 있지 않으면 그 일은 상관하지 마라

「부재기위, 불모기정(不在其位, 不謀其政)」(36)은 그 지위에 있지 않으면, 그 일에 상관하지 말라는 말이다. 각자에게 주어진 역할을 충실히 하되, 자기와 관련이 없는 일에는 상관하지 말라는 말이다.

『논어』의 태백(泰伯)과 헌문(憲問)에 이와 같은 내용이 두 번 나온다. 현대를 사는 우리에게 시사하는 바가 크다. 권력을 잡으면 친인척 비리가 끊이지 않는다. 자기의 권한도 아닌데, 남의 권한을 이용하여 각종 비리와 불법 행위를 저지르고 부당한 이익을 취한다. 대통령의 친인척이 뇌물을 받아서 기소된 사건으로 신문마다 시끄러울 때가 있다. 열흘 붉은 꽃이 없다는 「화무십일홍(花無十日紅)」(37)을 우리는 왜 그렇게 쉽게 잊고 사는 건지.

「부재기위, 불모기정(不在其位, 不謀其政)」 구절은 두 개의 개념으로 되어 있다. 하나는 '재위(在位)'이다. '재위하다'는 원래 임금이 자리에 있음을 말한다. 여기에서는 '재임(在任)하다'의 뜻으로, 어떤 직책의 임무를 수행하기 위하여 자리에 있음을 말한다. 또

하나는 '모정(謀政)'이다. 「모」는 도모하다는 뜻이고, 「정」은 정사나 그 일과 관련된 행정적인 직무나 사무, 임무를 말한다. 내가 그 자리에 있지 않으면, 다른 사람의 임무에 상관하지 말라는 말이다.

학생은 학생답게 공부를 열심히 해야지, 수업시간에 수업과 관련이 없는 다른 일을 해서는 안된다. 수업 시간에 핸드폰으로 문자 메시지를 보내거나, 전화를 받기 위해 밖으로 나가는 학생들을 자주 본다. 이것은 학생으로써 기본 예의가 아니다.

직장인은 직장의 일에 충실해야 한다. 직무 시간 중에 컴퓨터로 주식을 사고팔거나 게임을 하는 경우가 있어서는 안 될 일이다. 자신의 직무에 충실하지 않으면서 그 지위에 있으려 하는 것 또한 무책임한 행위이다.

나에게 잘못이 없다고 해서 남을 함부로 비난하는 경우가 있다. 공개적인 장소에서 다그치듯이 책임 추궁을 하는 경우가 있다. 해결할 뚜렷한 방법도 없으면서, 잘 알지도 못하면서 말꼬리 잡고 비난을 위한 비평을 하는 경우가 있다.

그 위치에 있지 않으면 함부로 말하거나 이러쿵저러쿵 비난하지 말고, 그 직책에 있는 사람을 믿고 자신이 맡은 일을 훌륭하게 해낼 수 있도록 도와주는 것이 미덕이다. 우리는 칭찬에 너무 인색하다.

증자(曾子)도 군자는 자신의 위치를 벗어나지 않는다 했다.(38) 군자는 자신이 할 일에만 충실하지, 이것이것 구차하게 상관하고 기웃기웃하지 않는다.

공자는 창고에서 물건을 관리하는 위리(委吏)라는 직책을 맡았을 때는 회계하는 일에만 전념하였고, 동물을 관장하는 승전(承田)이라는 직무를 담당하였을 때는 소나 양이 무럭무럭 자라고 살찌게 하는 일에만 신경을 썼다고 한다. 이를 두고 맹자는 지위가 낮으면서 말만 높은 것은 죄악이고, 조정에 있으면서 도를 행하지 않으면 부끄러운 일이라 했다.(39)

자신이 그 자리에 있지도 않고 관련도 없는데 말만 하는 것은 부끄러운 일이다. 현재 자신이 맡은 직책도 제대로 처리하지 못하면서 다른 일에 자꾸 신경 쓰는 사람들이 적지 않다. 학자라면 학자답게 학문에 전념하는 것이 첫째인데, 자꾸 외적인 일에만 신경 쓰는 것도 지향할 바가 못 된다.

『중용(中庸)』에 「소위이행(素位而行)」이란 말이 있다. 현재 처한 지위에 따라 응당히 해야 할 일만 충실히 한다는 말이다. 군자는 자신이 처해 있는 위치에서 마땅히 해야 할 일을 하고, 밖의 것을 추구하지 않으며, 윗자리에 있으면 아랫사람을 무시하지 않고, 아랫자리에 있으면 윗사람에 기대어 출세하려 하지 않는다 했다.(40) 「소(素)」는 '평소(平素)'나 혹은 '분수에 따르다'는 뜻이고, 「소위 (素位)」는 '평소의 위치에 맞게 행한다'는 것이다.

관가에 아는 사람 없으면 서럽기는 옛날이나 지금이나 마찬가지다. 서러우면 출세하라고 한다. 관계가 없으면 문제해결이 안된다. 주위에 누구 하나 출세하면 그 덕 한번 볼까 기웃거린다. 모든 비리와 비행의 근원이다.

비행을 하고도 재수가 좋아 그럭저럭 한 두 번 법망을 피해간다 해도 영원할 수는 없다. 불안한 부자보다는 가난한 안빈낙도가 훨씬 행복하다.

말하기 좋아하는 세상이다. 무엇이 진실이든 인터넷에서 잘못 내몰렸다하면 인생 망치기 십상이다. 확실한 증거도 없으면서 감정적으로 심한 욕설을 해서는 안된다. 지나가다 생각없이 던진 돌맹이 하나에 개구리의 생명이 왔다갔다하는 것이다.

물론 까맣게 모르고 지나갈 뻔한 사건이 인터넷을 통해 억울한 누명을 벗는 경우도 있지만, 사건의 전말을 정확하게 파악하지 못하는 감정적인 비난에 억울한 희생을 당하는 경우가 더 많다.

「부재기위, 불모기정.(不在其位, 不謀其政)」이다. 나설 일이 아니면 참자. 모르면 전문가에게 맡겨보자. 그들이 좋은 방법을 찾을 수 있을 것이다.

인용 원문

(36)

공자가 말하였다.

그 지위에 있지 않으면, 그 일을 도모하지 않는다.

子曰: 不在其位, 不謀其政."(《論語 · 泰伯》08.14)

(37)

꽃이 십일 내내 피어 있을 수 없다. 하지만 월계화 이 꽃만은 매일 매일 봄바람과 함께 한다네.

只道花無十日红, 此花無日不春風.(宋 楊萬里, 《臘前月季》).

양만리의 시 구절은 오랫동안 피어나는 야생 장미 月季花를 읊은 것이지만, 「花無十日紅」은 권세나 권력이 오래가지 못함을 비유적으로 쓴다.

(38)

증자가 말하였다.

군자는 자기의 직위를 벗어나려 하지 않는다.

曾子曰: "君子思不出其位."(《論語 · 憲問》14.26)

(39)
직위가 낮은데 말만 고상하게 하는 것은 죄악이고, 남의 조정에 있으면서 도를 행하지 않는 것은 부끄러운 일이다.

"位卑而言高, 罪也. 立乎人之本朝而道不行, 耻也."《孟子·萬章下》

(40)
군자는 현재 위치에 따라 행하지 그 외의 것을 구하지 않는다. 윗자리에 있으면서 아랫사람을 무시하지 않고, 아랫자리에 있으면서 윗사람에 의지하지 않는다.

"君子素其位而行, 不願乎其外. 在上位不陵下, 在下位不援上."《中庸》

「능(陵)」은 '깔보다'·'능멸(陵蔑)하다'의 뜻이고, 「원(援)」은 '끌어들이다'·'원조를 받다'의 뜻으로, 「원상(援上)」은 '상관이나 권력 있는 자에게 의지해서 자신의 위치를 높이는 것'을 말한다.

4. 마음 내키는 대로 하라

從心所欲 종심소욕

마음 내키는 대로 하여도 법도에 어긋나지 않는다

「종심소욕(從心所欲)」 중 「소욕(所欲)」은 '원하는 바'이고, 「심소욕(心所欲)」은 '마음이 원하는 바'이다. 「從(종)」은 '따라서'의 뜻이다. '마음이 원하는 바에 따라서', '마음대로 하다', '하고 싶은 대로 하다'는 뜻이다. 스스로 인생을 되돌아 보던 공자가 70세가 되었을 때 '하고 싶은 대로 하여도, 어긋남이 없었다'고 했다.(41)

공자는 열다섯 살 때 학문에 뜻을 세웠고(「志於學」), 서른 살 때 자립을 하였고(「而立」), 마흔 살 때 혹되지 않았고(「不惑」), 쉰 살 때 천명을 알았고(「知天命」), 예순 살 때에는 귀가 순해졌으며(「耳順」), 일흔 살 때에는 하고 싶은 대로 하지만 법도에 어긋나지 않았다(「從心所欲, 不逾矩」)라 했다.

그래서 지금도 「이입(而立)」은 '30'세, 「불혹(不惑)」을 '40'세, 「지명(知命)」은 '50'세, 「이순(耳順)」은 '60'세를 가리킨다.

이외에도 '20'세를 「약관(弱冠)」, '60'세를 「갑자(甲子)」·「화갑(花甲, 華甲)」·「회갑(回甲)」, '70'세를 「고희(古稀)」, '80'세를 「모질(耄耋)」, '90'

세를 「태배(鮐背)」, '100'세 이상 오래 산 사람을 「인서(人瑞)」 혹은 「기이(期頤)」라 한다.

「갑자(甲子)」는 60간지(干支)의 시작이 「갑자」이기 때문이고, 「화갑(花甲)」은 「花甲子年」의 준말이다. 「고희(古稀)」는 두보(杜甫)가 읊은 곡강(曲江)이라는 시 「인생칠십고래희(人生七十古來稀)」에서 유래하였다. 「모질(耄耋)」의 「모(耄)」자와 「질(耋)」자는 70에서 90세까지의 노인을 가리키지만, 일반적으로 80세를 말한다.

「태배(鮐背)」는 「台背」로도 쓰며, 시경(詩經)에서 노인을 「황구태배(黃耇鮐背)」라고 하였고, 「황구(黃耇)」는 나이가 들면 머리가 희었다가 다시 노랗게 된다고 해서 노인을 가리키고, 「태배(鮐背)」는 사람이 늙으면 등에 복어 껍질 같은 무늬가 생긴다 하는데서 유래되었다.

「인서(人瑞)」는 사람이 백년을 살면 가장 상서러운 일이란 뜻이며, 「기이(期颐)」의 「기(期)」는 백년 한 세기 주기를 말하고, 「이(颐)」는 원래 '턱'이라는 뜻이나 '살다'라는 뜻으로 한 세기를 살았다는 뜻도 있다.

나이를 한자 자형으로 설명하는 경우도 있다.

「미수(米壽)」는 「米」자의 한자구조가 마치 '八' · '十' · '八'과 같다 해서 '88'세, 「희수(喜壽)」는 「喜」자의 초서 '㐂'가 마치 '七' · '十' · '七'의 형태와 같다 해서 '77'세를, 「백수(白首)」는 「白」자는 '백'이라고 하는 「百」자 위에 있는 한 획을 없앴다 해서 '99'세를, 「차수(茶壽)」는 「茶」자 윗부분 「卄(스물 입)」과 아랫부분이

'八'·'十'·'八'로 되어 있어, '20'과 '88'을 더하면 '108'이기 때문에 '108'세를 가리킨다.

이외에도 「강보(襁褓)」는 돌이 지나지 않는 아이, 「해제(孩提)」는 두 세 살 정도의 아이, 「시츤(始齔)」과 「초년(髫年)」은 7세의 여아나 8세 되는 남아, 「유학(幼學)」은 열 살, 「총각(總角)」과 「수초(垂髫)」는 더벅머리 총각, 「금채(金釵)」는 12살의 여자, 「두구(豆蔻)」는 13살의 여자, 「급계(及笄)」는 15살의 여자, 「벽옥(碧玉)」은 16살의 여자, 「도리(桃李)」는 20세의 여자, 「화신(花信)」은 24살이 된 여자를 말한다. 「두구(荳蔻)」는 「두구화년(荳蔻年華)」이라고도 하며 한참 꽃다운 나이를 말한다. '두구'는 원래 콩과 식물의 일종인 '육두구'인데, 문학작품에서는 열서너 살 되는 아리따운 여인으로 비유한다. '두구'의 아름다운 꽃망울이 여자 나이 열 세 살쯤 때와 같다는 것이다. 두목(杜牧)은 여인의 아름다움을 이월 초 육두구의 꽃가지로 비유하였다. 두목의 《증별(贈別)》은 『당시삼백수(唐詩三百首)』에도 수록된 유명한 시이다.(42)

나이가 칠십 쯤 되어야 마음 내키는 대로 하여도 전혀 어긋남이 없는가 보다. '지명(知命)'의 나이에는 아직 이르지 못할 단계이다. 세상사를 자연스럽게 자기가 하고 싶은 대로 마음 내키는대로 한다는 것, 이 얼마나 멋지고 바라는 바인가.

육체적 만족을 위한 마음대로가 아니라, 자연스럽게 하는 행동이 사회 전체와 조화를 이루고 사회 질서와 어긋남이 없어, 다른 사람에게는 오히려 따뜻한 배려가 되고, 항상 만나고 싶고 같이 하고 싶은 그런 사람이 되는 것을 말한다.

나이가 든다고 해서 저절로 더 중후해지고 다른 사람에게 도움이 되며 사회가 필요한 사람이 되는 것은 아닐 것이다.

2026년에는 65세의 인구가 거의 30%에 달한다고 한다. 이쯤이면 인생 70도 한창때라고 할 것이다. 퇴직하고 나서, 노인이 되었을 때 어떻게 지낼 것인가를 더 많이 생각해 봐야 할 것이다.

최근 컴퓨터 사이트에서 나이 들어 필요한 'Seven Up'과 '삼지(三知)'가 유행어로 오른 적이 있다.

'Seven Up'은 '단정함(clear up)', '경청하기(listen up)', '침묵하기(shut up)', '경쟁력 갖추기(show up)', '옷차림(dress up)', '대접하기(pay up)', '단념하기(give up)' 등 일곱 가지이다. 곧 깨끗하고 단정한 몸가짐, 남의 말은 잘 들어 주고, 말을 많이 하지 말고, 나를 돋보이게 하는 경쟁력을 갖추고, 때와 장소에 어울리는 옷맵시를 가꾸고, 지갑을 잘 열고, 안되면 깨끗이 포기할 줄 아는 것이다.

'삼지(三知)'는 자기 분수를 알고(知分), 만족할 줄 알고(知足), 그만둘 줄 아는 것(知止)이다.

분수를 알고 만족할 줄 알아야(「安分知足(안분지족)」), 항상 즐거울 수 있고(「知足常樂(지족상락)」), 멈출 줄 알아야('知止') 마침내 나 자신에 대한 정체성을 찾을 수 있고 귀착할 수 있는 것이다.(43)

그래서 『대학(大學)』은 「지지(知止)」한 후에 「유정(有定)」이라 하였다. '유정'이란 흔들리지 않는 확고한 신념이며 평정심(平靜心)이고, '종심소욕'하여도 어긋나지 않음이다.

인용 원문

(41)

공자가 말하였다.

나는 열다섯 살에 학문에 뜻을 두었고, 서른 살에 자립을 하였고, 마흔 살에 미혹되지 않았고, 쉰 살에 천명을 알았고, 예순 살에 귀가 순해졌고, 일흔 살에 하고 싶은 대로 하여도 법도에 어긋나지 않았다.

子曰:

"吾十有五而志於学, 三十而立, 四十而不惑, 五十而知天命, 六十而耳顺, 七十而從心所欲, 不踰矩."《論語 · 爲政》02.04)

「踰(넘을 유)」는 '넘어서다', '벗어나다'의 뜻이고, 「矩(곱자 구)」는 '법도', '규칙'의 뜻이다. 「불유구(不踰矩)」는 '규칙에 어긋나지 않음'을 말하는 것이다.

(42)

《贈別》 -杜牧-

날씬한 몸매 열서너 살 꽃 나이	娉娉裊裊十三餘(빙빙뇨뇨십삼여).
이월 초 육두구 꽃가지라 할까.	豆蔻梢頭二月初(두구초두이월초).
양주성 춘풍 십리 네 거리 다 둘러보고	春風十里楊州路(춘풍십리양주로),
주렴을 들고 보아도 그 모습 따를 자 없네	卷上珠簾總不如(권상주렴총불여).

(43)

「知足」·「知止」

명예와 자신 중 어느 것이 더 소중한가?

자신의 몸과 재물 중 어느 것이 더 중요한 것인가?

얻는 것과 잃는 것 중 어느 것이 더 해로운 것인가?

지나치게 아끼면 반드시 크게 손실을 입게 되고, 많이 지니고 있으면 반드시 크게 잃게 되는 것이다.

그러므로 만족할 줄 알면 욕을 당하지 않고, 멈출 줄 알면 위태롭지 않게 되어, 길이 자신을 보존할 수 있게 된다.

"名與身孰親? 身與貨孰多? 得與亡孰病?

甚愛必大費, 多藏必厚亡.

故知足不辱, 知止不殆, 可以長."(《老子》, 제44장)

죄악 중에서 욕심을 부리는 것보다 더 큰 것이 없으며, 잘못 중 만족할 줄 모르는 것보다 더 큰 것이 없다.

그러므로 만족할 줄 아는 만족이 영원한 만족인 것이다.

"罪莫大於可欲, 咎莫大於欲得, 禍莫大於不知足. 故知足之足, 恒足矣." (《老子》, 제46장)

멈출 줄을 알고 난 후에야 안존할 수 있게 되는 것이다.

"知止而後有定." (《大學》)

「喜」字

안진경(顔眞卿)《쟁좌위고(爭坐位稿)》 축윤명(祝允明)《전후전벽부(前後赤壁賦)》

육두구(肉荳蔻)

5. 양보하지 마라

當仁不讓 당인불양

정당한 일이라면 절대 양보하지 마라

「당인불양(當仁不讓)」은 원래 '인을 행함은 스승에게도 양보하지 마라'라는 뜻의 「당인불양어사(當仁不讓於師)」에서 나온 말이다.(44)

「당(當)」은 '해당되다' · '직면하다'의 뜻이고, 「양(讓)」은 '양보하다'의 뜻이다. 내 몸이 상해도 인을 이루라는 「살신성인(殺身成仁)」과도 같다. 정당한 일이나 정의를 위해서는 포기하지 말고 용감하게 맞서라는 뜻으로도 쓰인다.

응당히 행해야 할 의로운 것을 보고도 지나친다면 겁쟁이다.(45)

조금이라도 자신에게 이득이 되는 일이라면, 권력에 아부하고 쉽게 타협하는게 현 세태이다. 지식인도 마찬가지다. 경제적 잣대만 들이대면 무릎을 꿇고 타협한다. 양심과 자존심으로 자유와 정의를 위하여 시퍼런 칼날에 고개를 꼿꼿이 세웠던 70-80년대의 단칸방 투사들에게 부끄럽고 미안하다.

우리는 배부름과 편안함에 익숙해져 있다. 조금만 배고파도 참지 못한다. 산 넘어 십여 리를 걸어 학교를 갔던 시절은 너무나도 오래된 이야기다.

경제적 논리에 익숙해진 현 세대에게는 돈이 가장 큰 옥쇄다. 돈만 들이대면 손아귀에 쥐고 흔들어도 외침이 없다.

공자는, 무릇 선비라면 가난 속에서 즐거움을 찾아야 한다고 했다.

> 지식인이란 배부름을 구하지 않고, 편안한 거처자리를 구하지 않는다. (46)
>
> 도에 뜻을 두면서도 나쁜 옷과 나쁜 음식을 부끄럽게 생각하는 선비가 있다면, 이와는 의논할 여지가 없다. (47)
>
> 거친 밥을 먹고 물을 마시고 팔베개를 하고 누워도, 즐거움이 그곳에 있다. 의롭지 않게 부자가 되고 명예를 얻는 것은 나에게 뜬 구름과 같다.(48)

공자는 그의 제자 안회를 매우 아꼈다.

한 그릇 밥과 한 표주박의 물만을 마시는 '표음단사(瓢飮簞食)' 하여도 안회는 즐거워하였다.(49)

바람 솔솔 부는 정자에 앉아 '한 잔 더 먹소. 자넨 좀 덜 먹게.' 하면서 별 것도 아닌 일에 껄껄 박장대소하는 나였으면 좋겠다.

> 자존심은 존재의 상징이고, 존재감의 실천이다.
> 그게 알량한 존심일지라도, 그게 착각일지라도.

드라마 추적자(2012년 7월, 12회 대사) 중에 서회장(박근형 분)이 미친년의 자존심을 이야기 하는 내용이 있다.

자존심은 미친년이 머리에 꽂고 있는 꽃과 같다. 시골마을에 꽃 꽂고 다니는 미친년, 얼굴을 만지고 때려도 하하하 웃던 애가 머리에 꽃을 만지면 살쾡이로 변해서 덤비더라. 자기한테 머리의 꽃이 제 몸보다 중요한 거지. 사람들은 머리에 하나씩 꽃을 꽂고 산다. 아무 쓸모없는데도 제 몸보다 중요하다고 착각하고 사는 게 하나씩 꼭 있다.

그 꽃이 우리에게는 정의여야 한다.

「인(仁)」은 儒學에서 가장 중요한 핵심 사상이며, 나라를 다스리거나 사람에게 필요한 가장 근본적인 원칙이다.

「인(仁)」의 고문자는 편방이 「인(人)」과 「이(二)」인 「」으로 쓰거나, 「시(尸)」와 「이(二)」인 「」으로 쓰거나, 혹은 「신(身)」과 「심(心)」인 「」·「」으로 쓴다. 「인(人)」과 「시(尸)」는 같은 의미이고, 「인(人)」과 「이(二)」로 쓰는 것은 사람과 사람이 어짐으로 맺어져야 하고, 「신(身)」과 「심(心)」은 사람이 갖추어야 할 몸가짐이 어질어야 한다는 의미이다.

인은 『논어』에서 '공경(悌)'·'충성(忠)'·'용서(恕)'·'예절(禮)'·'지식(知)'·'용감(勇)'·'공손(恭)'·'관용(寬)'·'믿음(信)'·'민첩(敏)'·'베품(惠)'·'효도(孝)'·'도의(義)'·'사랑(愛)' 등 다양한 내용을 포함한다.

어진 사람은 무엇을 할 수 있을까?

어진 사람만이 예(禮)를 행할 수 있고 음악을 즐길 수 있으며,(50) 검소한 생활을 할 수 있고 오랫동안 즐길 줄 안다. 어

진 자만이 인을 편안히 여기며, 지혜로운 자만이 인을 이롭게 한다.(51)

어진 자만이 사람을 좋아할 수도 미워할 수도 있으며,(52) 어진 사람은 산을 좋아하며 정적이며, 장수하고(53) 두려움이 없다.(54) 또한 어진 자는 자신이 서고자 하면 다른 사람을 먼저 세우고, 자신이 통달하고자 하면 남을 먼저 통달케 하며,(55) 자기가 원하지 않는 바는 다른 사람에게도 바라지 않는다.(56)

어진 사람은 공손하고 너그러우며 미덥고 민첩하며 은혜롭다. 공손하면 업신여김을 받지 않고, 너그러우면 사람의 마음을 얻고, 믿음이 있으면 사람이 임무를 다하며, 민첩하면 공이 있게 되고, 은혜로우면 족히 남을 부릴 수 있기 때문인 것이다.(57)

그렇다면 어진 사람은 어떤 사람일까?

말을 교묘하게 하거나 아첨하지 않으며,(58) 굳세고 꿋꿋하고 질박하고 어눌하지만,(59) 사람을 사랑한다.(60)

어짐을 어떻게 실천해야 하는가?

자기를 극복하고 예(禮)로 돌아가야 하며,(61) 목숨을 잃는다해도 인을 이루어야 하며,(62) 인을 위해서라면 어느 누구에게도 양보해서는 아니된다.(63)

먼저 사람이 되고 난 다음에 공부를 해야 하는 것이며,(64) 인(仁)이 있는 곳으로 찾아가서 살아야 하고,(65) 최종 목표는 도에 뜻을 두고 도덕에 의거하며, 인에 의지하여 예술에서 노닐 줄 알아야 한다.(66) 학문적으로는 널리 배우고 뜻을 돈독히 하고(「博學篤志」),

절실하게 묻고 가깝게 생각하는 것(「切問近思」)이 인을 실천하는 것이다.(67)

심학(心學)으로 유명한 왕양명(王陽明, 守仁, 1472-1528)이 「당인불양(當仁不讓)」한 실화가 유명하다.

왕양명은 「지행합일론(知行合一論)」, 「심즉리설(心卽理說)」, 「치양지설(致良知說)」과 「심성론(心性論)」을 주장한 중국 명나라 최고의 사상사, 서예가, 군사가이자 교육자이고 문학가였다.

1506년 34세 때, 명 효종 주우탱(朱祐樘)이 죽고, 주후조(朱厚照)가 등극하였다. 당시 왕양명은 병부 주사(主事)였다.

환관(宦官) 유근(劉瑾)은 어린 황제인 제 11대 무종(武宗) 두후조(朱厚照)를 낀 채 놀아나 큰 권력을 쥐고서 탐관오리 짓을 일삼았다. 이 가운데 남경(南京)의 검열관 대선(戴銑)과 박언미(薄彦微) 등이 유근(劉瑾)의 탄핵을 요구하는 상소를 올렸다가 투옥되는 사건이 발생하였다.

왕양명은 닥쳐올 모욕과 수난을 알면서도 「당인불양(當仁不讓)」, 혼자서 상소를 올려 구속된 관리들의 안전과 석방을 요구하였다. 결국 왕양명은 환관(宦官) 유근(劉瑾)의 보복으로 공개적으로 벌거벗겨져 40대의 태형을 당하고 여러 달 동안 옥에 갇히는 치욕을 당했다. 유근의 보복이 두려워 다른 고위 관직자들처럼 이에 굴해 아무말도 못하고 맞서지 않았다면, 왕양명은 아마도 태형보다 더 큰 모욕감을 느꼈을 것이다.

지식인에게 있어 목숨보다 더 중요한 건 정의를 실현하는 것이기 때문이다.

인용 원문

(44)

공자가 말하였다.

인한 것이라면 마땅히 스승에게도 양보하지 않는다.

子曰: "當仁, 不讓於師." (《論語 · 衛靈公》15.36)

(45)

공자가 말하였다.

자신의 귀신이 아닌데도 제사를 지내는 것은 아첨이다.

의로운 일을 보고도 하지 않는 것은 용기가 없는 것이다.

子曰: "非其鬼而祭之, 諂也. 見義不爲, 無勇也." (《論語 · 爲政》02.24)

(46)

공자가 말하였다.

군자는 배불리 먹는 것을 구하지 않고, 편한 거처 자리를 구하지 않는 것이다.

子曰: "君子食無求飽, 居無求安." (《論語 · 學而》01.14)

(47)

공자가 말하였다.

선비가 도에 뜻을 두고서도 나쁜 옷과 나쁜 음식을 부끄럽게 생각한다면, 이와는 논할 여지가 없다.

子曰: "士志於道, 而恥惡衣惡食者, 未足與議也." (《論語 · 里人》04.09)

(48)

공자가 말하였다.

거친 밥을 먹고 물을 마시고 팔베개를 하고 누워도, 그곳에 또한 즐거움이 있는 것이다. 의롭지 않게 부자가 되고 명예를 얻는 것은 나에게 뜬 구름과 같다.

子曰: "飯疏食飮水, 曲肱而枕之, 樂亦在其中矣. 不義而富且貴, 於我如浮雲."(《論語 · 述而》07.16)

(49)

공자가 말하였다.

어질도다, 안회(안연)여. 광주리에 담긴 간단한 식사를 하고 표주박으로 물을 마시고, 누추한 골목에 살면, 남들은 그 근심을 견뎌내지 못하지만 안회는 그 즐거움을 고치지 않는구나. 어질도다. 안연이여!

子曰: "賢哉回也, 一簞食, 一瓢飮, 在陋巷, 人不堪其憂, 回也不改其樂. 賢哉回也." (《論語 · 雍也》06.11)

(50)

공자가 말하였다.

사람이 인을 행하지 않으면 어떻게 예를 하며, 어떻게 음악을 하겠는가.

子曰: "人而不仁, 如禮何, 人而不仁, 如樂何." (《論語 · 八佾》03.03)

(51)

공자가 말하였다.

어질지 못하면 검소한 생활을 오래하지 못하고, 오랫동안 즐길 줄도 모른다.

어진 자만이 어짐을 편안히 여기고, 지혜로운 자만이 인을 이롭게 한다.

"不仁者不可以久處約, 不可以長處樂. 仁者安仁, 知者利仁." (《論語 · 里仁》04.02)

(52)

오직 어진 자만이 사람을 좋아할 수도 미워할 수도 있다.

"唯仁者能好人, 能惡人." (《論語 · 里仁》04.03)

(53)

공자가 말하였다.

지자는 물을 좋아하고, 인자는 산을 좋아하며, 지자는 동적이고 인자는 정적이며, 지자는 즐기고 인자는 장수한다.

子曰: "知者樂水, 仁者樂山, 知者動, 仁者靜, 知者樂, 仁者壽." (《論語 · 雍也》06.23)

(54)

공자가 말하였다.

지자는 미혹되지 않으며, 용자는 두려워하지 않는다.

子曰: "知者不惑, 仁者不憂, 勇者不懼." (《論語 · 子罕》09.29)

(55)

인자는 자신이 서고자 하면 다른 사람을 세우고, 자신이 통달하고자 하면 남을 먼저 통달시킨다. 가까운 곳에서 취하여 깨달음을 얻을 수 있다면 仁을 실천하는 방법이라고 할 수 있다.

"夫仁者, 己欲立而立人, 己欲達而達人. 能近取譬, 可謂仁之方而已." (《論語 · 雍也》06.30)

(56)

공자가 말하였다.

문을 나서면 큰 손님을 만난 듯하고, 백성에게 일을 시킬 때는 큰 제사를 모시는 것과 같이 하여야 한다. 자기가 원하지 않은 바는 다른 사람에게도 바라지 마라. 그러면 나라에 원망이 없고, 집에도 원망이 없다.

子曰: "出門如見大賓, 使民如承大祭, 己所不欲, 勿施於人. 在邦無怨, 在家無怨." (《論語 · 顔淵》12.02)

(57)

공자가 말하였다.

공손함, 너그러움, 미더움, 민첩함, 은혜로움이 인이다. 공손하면 업신여김을 당하지 않고, 너그러우면 사람의 마음을 얻고, 믿음이 있으면 사람이 임무를 다하며, 민첩하면 공이 있게 되고, 은혜로우면 족히 남을 부릴 수 있다.

曰:"恭, 寬, 信, 敏, 惠. 恭則不侮, 寬則得衆, 信則人任焉, 敏則有功, 惠則足以使人."(《論語·陽貨》17.06)

(58)
공자가 말하였다.
말을 교묘하게 하고 아첨하는 자 중에 인자는 드물다.

子曰:"巧言令色, 鮮矣仁."(《論語·良貨》17.17)

(59)
공자가 말하였다.
굳세고 꿋꿋하고 질박하고 어눌한 것이 인에 가깝다.

子曰:"剛毅木訥, 近仁."(《論語·子路》13.27)

(60)
번지가 인에 대하여 묻자, 공자는 '인이란 사람을 사랑하는 것이다'라 하고, 지에 대하여 묻자 '사람을 아는 것이다'라 했다.

樊遲問仁, 子曰:"愛人". 問知, 子曰:"知人". (《論語·顔淵》12.22)

(61)

안연이 인에 대하여 묻자 공자가 말하였다.
"자기를 극복하고 禮로 돌아가는 것이 인이다".

顔淵問仁. 子曰: "克己復禮爲仁." (《論語 · 顔淵》12.01)

(62)

공자가 말하였다.
뜻이 있는 선비와 어진 사람은 살고자 하여 인을 해치지 않으며, 자기 몸을 버려서라도 인을 이룬다.

子曰: "志士仁人, 無求生以害仁, 有殺身以成仁." (《論語 · 衛靈公》15.09)

(63)

공자가 말하였다.
인을 실천함에 있어서는 스승에게도 양보하지 말라.

子曰: "當仁不讓於師." (《論語 · 衛靈公》15.36)

(64)

공자가 말하였다.
제자는 들어와서는 효도하고 나가서는 공경하고 삼가고 믿음을 주고 두루 널리 사랑하고, 어진 사람과 친하게 지내야 한다. 그리고 난 다음, 여력이 있으면 글을 배워라.

子曰: "弟子, 入則孝, 出則悌, 謹而信, 汎愛衆, 而親仁, 行有餘力, 則以學文." (《論語 · 學而》01.06)

(65)

공자가 말하였다.

어짐에 사는 것이 좋은 일인데, 어진 일을 행하지 않으니 안다고 할 수 있는가.

子曰: "里仁爲美, 擇不處仁, 焉得知."《論語 · 里仁》04.01)

(66)

공자가 말하였다.

도에 뜻을 두고 덕을 근거로 하며 인에 의지하고 예술에서 노닌다.

子曰: "志於道, 據於德, 依於仁, 遊於藝. (《論語 · 述而》07.06)

(67)

자하가 말하였다.

널리 배우고 의지를 돈독히 하고, 간절히 묻고 가까운 것을 생각하면 인이 그곳에 있다.

子夏曰: "博學而篤志, 切問而近思, 仁在其中矣." (《論語 · 子張》19.06)

6. 발분하라

發憤忘食 발분망식

끼니를 잊을 만큼 열심히 노력하라

섭공이 공자의 제자인 자로(子路)에게 너의 스승 공자는 어떤 사람이냐고 묻자 자로는 대답을 못했다. 그러자 공자는 스스로를 가리켜 열심히 노력하여 밥 먹는 것도 잊어버리고, 공부하기가 즐거워 걱정거리를 잊어버리며, 늙어가는 것도 모르는 사람이라 하였다.(68)

「발분(發憤)」은 원래 화를 내거나 끼니를 잊고 노력한다는 뜻이다. 여기에서는 「분발(奮發)」하고 「노력(努力)」한다는 뜻으로, 어떤 일을 하기 위하여 끼니를 잊을 정도로 힘쓰고 노력함을 말한다. 발분은 분발보다 노력하고 힘쓰는 정도가 조금 더 강하다. 발분은 일종의 열정이다.

「망식(忘食)」은 끼니를 잊는다는 것이다. 침식을 전폐하는 폐침망식(廢寢忘食)이다.

공부가 즐거워 늙어가는 것도 모르고, 그런데도 모자라 밥 먹을 시간이 없을 정도라니 과연 공자다운 열정이다. 이런 열정이 없었다면 지금의 공자가 되지 못했을 것이다.

공자의 삶은 어느 누구 못지않게 파란만장했다.

공자(孔子)는 존칭이고, 원래 이름은 「구(丘)」이며 자는 「중니(仲尼)」이다. 영어로는 「Confucius」이다. BC 551년 9월 28일, 노(魯)나라 추읍(鄒邑) 창평향(昌平鄕)에서 태어나, BC 479년 4월 11일 73세의 나이로 세상을 떠났다. 「추읍(鄒邑)」은 또는 「추읍(陬邑)」으로도 쓴다. 지금의 산동성(山東省) 곡부시(曲阜市) 남신진(南辛鎭)이다.

공자의 육대조(六代祖) 할아버지 공보가(孔父嘉)는 송(宋)나라 대사마(大司馬)를 지냈는데, 화보독(華父督)에게 죽음을 당하자, 그의 아들 자목금보(子木金父)가 가족을 데리고 노(魯)나라로 도망쳐 왔다. 공자의 아버지 숙량흘(叔梁紇)은 자목금보의 고손자이다. 숙량흘의 이름에 대해서는 학자마다 의견이 다르지만, 일반적으로 성은 공(孔)이고, 이름은 흘(紇), 숙량(叔梁)은 자(字)라고 한다. 숙량흘은 향장(鄕長)에 해당하는 추읍재(鄒邑宰)를 지냈다. 기골이 장대하고 힘이 셌다고 한다. 공자도 키가 190㎝ 이상이었다고 하니, 아버지의 유전자를 받았다고 볼 수 있다. 숙량흘이 55세 때, 진(晉)나라의 연합군과 함께 핍양성(逼陽城)을 공격하였는데, 핍양군이 꾀를 내어 연합군을 성문 안으로 끌어들인 다음 성문을 닫으려 하자 숙량흘이 혼자서 육중한 성문을 밀쳐내 갇힐 뻔한 군사들을 구해 냈다고 한다.

숙량흘이 66세가 되었을 때(혹은 72세 때라고 하기도 한다), 안징재(顔徵在)를 맞아들여 공자를 낳았다. 숙량흘은 이미 시씨(施氏)라는 정처에게서 아홉 명의 딸을 두었고, 소첩과의 사이에서 아들 맹피(孟皮)를 하나 낳았는데, 절름발이 장애인이었다. 숙량흘에게 공자의 어머니 안징재는 세 번째 여자이며, 공자는 열한번째 되는 자식이다.

사마천(司馬遷)의 사기(史記)는 숙량흘이 안씨와 야합(野合)하여 공자를 잉태하였다고 기록하고 있다.(69)

야합에 대하여 구체적인 설명이 없기 때문에 정확하게 알 수 없지만, 세 가지 가능성이 있다.

비정상적인 혼인이다. 숙량흘은 66세가 넘은 노인이었고, 안씨는 약 15세의 나이 어린 처녀였으니, 약 50세 차이나는 혼인은 정상적이라고 할 수 없었을 것이다.

둘째는 몰래 사통(私通)하여 혼인식 없이 잉태하였다는 것이다.

셋째는 문자 그대로 서로 눈이 맞아 들판에서 몸을 섞었다는 것이다. 훌륭한 아들을 낳고 싶은 간절한 마음이 먼저였겠지만 박력이 넘치는 장군이었다는 점에서 가능성이 없는 것만은 아니다. 사기의 주석가들은 첫 번째 주장에 약간의 무게를 두는 것 같다.

공자의 이름 「구(丘)」는 니구산(尼丘山)에 기도를 한 후에 낳았고, 머리가 니구산처럼 가운데 부분이 들어가서 붙여진 이름이다. 자 「중니(仲尼)」는 두 번째 아들이라는 「중(仲)」과 니구산의 「니(尼)」을 합친 것이다. 지금은 니구산을 니산(尼山)이라고 한다.

공자가 세 살, 어머니 안징재가 18살 되는 해에 숙량흘이 죽었다. 그래서 어린 시절이 매우 힘들었을 것이다.

공자는 자신이 천한 일들을 잘 하는 것은 어릴 때 가난해서 안 해 본 일이 없기 때문이라 하였다.(70) 어머니는 공자의 나이 17(혹은 24살이라고도 함)살 때 32세의 나이로 요절하였다. 공자는 이때까지 아버지의 무덤을 모르고 있다가 그때서야 사람에게 물어서 합장하였다고 한다.

공자는 19살의 나이에 송나라에서 계관씨(亓官氏) 집안의 딸과 결혼한 후,(71) 노나라로 돌아와 20살이 된 그 다음해 아들 이(鯉)를 낳았다. 노나라 군주 노소공(魯昭公)이 축하 선물로 큰 잉어 한 마리를 보내왔다. 「이(鯉)」자는 잉어 「리(이)」이다. 아들의 이름이 이(鯉)이고, 자가 백어(伯魚)인 것은 영광스럽게 받은 선물을 기념하기 위해 지은 이름이다. 이 해에 공자는 노나라의 창고지기인 위리 (委吏)라는 벼슬을 하였고, 그 다음 해 21살 때에는 가축을 기르는 승전리(承田吏)를 지냈다.

노나라 소공(昭公) 정권은 당시 계씨(季氏), 맹손씨(孟孫氏), 숙손씨(叔孫氏) 등 삼환씨(三桓氏)의 손에서 놀아났다. 공자가 35세 되던 해에, 소공이 계평자(季平子)의 무례함을 참지 못하여 후씨(后氏)와 계략을 짜 계씨를 제거하려던 일이 있었다. 이때 삼환씨가 합세하여 반격하자, 소공은 제나라로 도망치고 말았다. 소공은 7년 동안 타국을 떠돌다가 객사하고 말았다. 공자가 42세 되던 해에 소공의 뒤를 정공(定公)이 이었으나 실질적인 권한이 하나도 없었다. 계씨의 가신 양호(陽虎)가 실질적인 권력을 잡고 휘두르자, 후에 계평자의 아들 계환자(季桓子)가 계략을 써서 몰아냈다. 「양호(陽虎)」는 『논어』 중의 「양화(陽貨)」를 가리킨다.

공자는 52세 때 노나라 정공(定公)을 수행하여 제나라 경공(景公)과의 협상에 공을 세웠고, 그 후로 국토를 관장하는 사공(司空)과 나라의 법을 관장하는 사구(司寇)를 지냈으며, 이후 재상의 일까지 보는 높은 관직을 지냈다. 그러나 공자의 정치적 업적이 날로 유명해지자 제나라는 공자를 제거하기 위하여 정공과 계환자에게 미인을 바치는 미인계를 썼다. 결국 이들은 미인계에 넘어가 공자를 버렸다.

이후 공자는 제자들과 55세 때부터 열국(列國)을 떠돌다가, 68세 되던 해에 계환자의 아들 계강자(季康子)의 초청으로 노나라로 다시 돌아왔다. 그 후로 공자는 경전 편찬과 제자 교육에 전념하다가, 노나라 애공(哀公) 16년, 73세 노환으로 세상을 떴다.

공자는 생전에 사랑하는 사람들을 떠나보내는 고통을 많이 겪었다. 69세가 되던 해에 아들 「이(鯉)」가 50세의 나이로 세상을 떠났고, 그 다음 해에 가장 사랑하던 제자 안연(顔淵)을 먼저 떠나보냈으며,(72) 72세 때에는 자로가 위나라에서 벼슬을 하다가 내란에 휩싸여 죽었다.

성인군자의 삶 역시 우리와 다를 바 없다. 다른 점이 있다면 「발분망식」하는 노력의 차이이다.

공자는 발분하는 제자들을 좋아하였기 때문에 안연을 아꼈고, 낮잠을 자는 재여(宰予)를 보고 뼈 있는 말을 하였다.

애공이 제자 중에 누가 제일 배우기를 좋아하느냐고 묻자, 공자는 안연이라 하면서 그는 배우기를 좋아하고 노여움을 다른 사람에게 옮기지 않고, 두 번 다시 잘못을 하지 않았는데, 지금은 그가 죽어 배우기 좋아하는 자를 아직 듣지 못했다고 했다.(73) 재여가 어느 날 공부하지 않고 낮잠을 자자 썩은 나무는 조각할 수 없고 똥 묻은 담장은 손질할 수 없다며 재여를 가리켜 썩은 나무와 같은 놈이며 똥 묻은 놈과 같이 쓸모없는 놈이라 하였다.(74)

인용 원문

(68)

섭공이 자로에게 공자에 대해서 묻자 子路는 대답하지 않았다.

공자가 말하였다.

너는 어찌 그 사람됨이 분발하여 먹는 것도 잊고, 즐거워하여 걱정거리를 잊어버리며, 늙음이 다가오는 것을 알지 못하는 사람일 뿐이라고 말하지 않았는가.

葉公問孔子於子路, 子路不對.

子曰: "女奚不曰. 其爲人也, 發憤忘食, 樂以忘憂, 不知老之將至云爾."(《論語 · 述而》07.19)

(69)

숙량흘은 안징재(顔徵在)와 야합하여 공자를 낳았다.

"纥與颜氏女野合而生孔子."(《史記 · 孔子世家》)

(70)

(태재가 자공에게 공자가 다재다능하다는 말을 하였다.)

공자가 이 말을 듣고 말하였다.

태재가 나를 아는구나! 나는 어렸을 때 매우 가난했기 때문에 많은 천한 일을 할 줄 안다. 군자가 잘하는 일이 많은가? 많지 않다.

子聞之, 曰: "太宰知我乎! 吾少也賤, 故多能鄙事. 君子多乎哉? 不多也."(《論語 · 子罕》09.06)

(71)

「계관(亓官)」을 혹은 「丌官」 혹은 「笄官」으로 쓴다. 「亓」자의 음에 대하여 학자마다 의견이 달라, 「회」, 「계」 혹은 「기」 등으로 읽는다.

(72)

안연이 죽자 공자가 말하였다.

아! 하늘이 나를 망치는 구나. 하늘이 나를 망치는 구나!

顔淵死, 子曰: "噫! 天喪予! 天喪予!" (《論語 · 先進》11.09).

안연이 죽자, 공자께서 애통하게 곡하였다.

從者가 말하였다.

"선생님께서 통곡하셨습니다."

그러나 공자가 말하였다.

"그래 애통하다. 그 사람을 위해서 애통하지 않으면 누구를 위하여 애통하겠는가."

顔淵死, 子哭之慟. 從者曰: "子慟矣." 曰: "有慟乎. 非夫人之爲慟而誰爲?"(《論語 · 先進》11.10)

(73)

애공이 물었다.

"제자 중에 누가 제일 배우기를 좋아합니까?"

공자가 말하였다.

"안연이 배우기를 좋아하고 노여움을 다른 사람에게 옮기지 않고, 두 번 다시 잘못을 하지 않았는데, 지금은 그가 죽어 배우기 좋아하는 자를 아직 듣지 못했다."

哀公問: "弟子孰爲好學?"

孔子對曰: "有顔回者好學, 不遷怒, 不貳過, 不幸短命死矣. 今也則亡, 未聞好學者也." (《論語 · 雍也》06.03)

(74)

재여가 낮잠을 자자 공자가 말씀하셨다.
"썩은 나무에는 조각할 수 없고, 똥 묻은 담장은 손질할 수 없다. 재여에 대해서 무엇을 꾸짖겠는가?"
공자께서 말씀하셨다.
"처음에 나는 남에 대하여 그의 말을 듣고 그의 행실을 믿었는데, 이제 남에 대하여 그의 말을 듣고 그의 행실을 살피게 되었다. 이것은 재여 때문에 바뀐 것이다."

宰予晝寢.

子曰: "朽木不可雕也, 糞土之墻不可杇也, 於予與何誅!"

子曰: "始吾於人也, 聽其言而信其行, 今吾於人也, 聽其言而觀其行. 於予與改是." (《論語 · 公冶長》5.10)

중국 송대(宋代) 마원(馬遠)이 그린 공자상(孔子像),
세로 27.7㎝ 가로 23.2㎝, 고궁박물원 소장(故宮博物院所藏)

7. 젊은이를 두려워하라

後生可畏 후생가외

후배가 무서운 것이다. 이들을 두려워하라

공자는 우리보다 뒤에 태어난 후배를 두려워하여야 한다고 하였다. 젊은이들이 지금의 우리보다 못하리라는 법은 절대 없다.

공자는 사람이 40, 50이 되어 내세울 만한 것이 없다면 이런 자는 역시 두려워 할 필요가 없는 사람이라고 했다.(75)

「후생(後生)」은 후대에 태어난 사람들, 「외(畏)」는 '두려워하다' 또는 '경외하다'의 뜻이다.

이 말은 지금의 젊은이들이 언제 어떻게 변할지 모르고, 노력하는 후배들이 선배들의 능력을 훨씬 뛰어 넘을 수 있다는 뜻으로 쓰인다.

40, 50 인생을 살았는데도 어떤 내세울만한 것이 없다면 이 또한 부끄러운 일일 것이다. 이런 사람에게는 후배들이 더욱 두려운 존재가 되니, 열심히 노력하지 않았음을 반성해야 할 것이다.

공자에게는 3000여 명의 제자가 있었다고 하는데, 그 중에 안연(안회)이 아마 가장 「후생가외」한 사람이었을 것이다. 『논어』 중에는 안연에 관한 칭찬이 곳곳에 남아 있다.

공자는 안연이 앞으로 나아가는 것만 보았지, 후퇴하는 것은 한번도 보지 못하였다고 했다.(76)

어느 날 공자가 자공에게 너와 안연 중에 누가 더 나으냐고 묻자, 자공은 안연은 하나를 들으면 열을 알지만(「聞一知十(문일지십)」), 자기는 하나를 들으면 겨우 둘만을 알 뿐이라고 하였다. 공자 자신도 안연보다 못하다며 겸손해 하였다.(77) 동료들도 인정하고 공자 자신도 안연보다 못하다 했으니 안연이 얼마나 성실하게 노력하는 사람이었는가는 가히 상상해 볼 수 있다. 게으름을 피우지 않고 스승님 말씀에 따르고자 하였는데,(78) 공자는 그런 사랑하는 제자를 먼저 떠나보냈으니 어찌 애석하지 않았겠는가?

공자나 자공의 잣대는 우리와는 다를 것이다. 안연은 현인군자였다. 그래서 한 그릇의 간단한 밥과 표주박의 물만으로도 기꺼이 지낼 수 있었고, 누추한 집에서 살아도 오히려 이것을 즐길 수 있었다.(79)

『논어』에는 군자가 경계하여야 할 세 가지와 두려워해야 할 세 가지가 언급되어 있다.

조심해야 할 것은 젊을 때는 혈기가 왕성하여 안정되지 않았으니 색(여자)을 조심하고, 장년에 되었을 때는 혈기가 강하니 남과 싸우는 것을 조심하고, 늙었을 때는 혈기가 쇠약하여 욕심을 부릴 수 있으니 재물을 조심하라 하였다.(80)

군자가 경외하여야 할 것은, 먼저 천명, 둘째는 고귀한 사람, 셋째는 성인의 말씀이라 하였다.(81) 소인은 천명을 알지 못하기 때문에 하늘이 무서운지 모르고, 훌륭한 사람을 깔보고 경거망동하며, 성인의 말씀을 듣지 않으니 당연히 가치없는 삶을 살 수 밖에 없다.

스승의 날, 고교시절 3학년 담임을 하셨던 선생님을 모시고 동창회를 한 적이 있었다. 30여 명이 30여 년 만에 만났다. 이미 세상을 떠난 친구도 있었고, 중풍을 맞아 팔을 제대로 쓰지 못하는 친구도 있었다. 선생님은 성함이 「맹호(孟浩)」이셨는데, 우리는 무서운 호랑이 「맹호(猛虎)」라고 불렀다. 그렇게 무서웠던 선생님도 지금은 퇴직하시고 집에서 손자 보는 할아버지가 되어 있었다.

반에서 공부 잘 했던 친구는 지금 은행을 그만두고 개인 사업을 하기도 하고, 문과인데 의대에 가서 지금은 병원장을 하고 있기도 하고, 성적도 생활도 제일 말썽이었던 친구가 교수가 된 친구도 있었다.

인생의 결과는 천차만별이다.

학생들을 보는 가장 우선이 되는 표준은 성적이지만, 스포츠 경기가 끝나봐야 알 듯 인생도 끝나봐야 안다. 지금 우리 앞의 젊은이들이 후에 어떤 모습으로 우리 앞에 설지 아무도 모른다. 그들이 가진 열정 하나만으로도 우리는 그들을 두려워하여야 한다.

40, 50이 되고, 인생의 황혼기에 접어들어 나는 과연 어떻게 살았는가라고 물었을 때, 우리는 부끄러움 없는 삶을 위해 최선을 다했다고 자신있게 말할 수 있어야 한다.

공자는 최종 결과를 산을 쌓는 것에 비유하여, 마지막 한 삼태기가 모자라 산이 완성되지 못하는 경우도 있다고 하였다.(82)

한 삼태기만 옮기면 꿈을 이룰 수 있는데, 우리는 지금 그 한 삼태기를 찾지 못하고 있는지도 모른다.

「후생가외」의 반대말로 「유취미건(乳臭未乾)」이라는 말이 있다. 아직 젖 냄새가 가시지 않은 어리석은 풋내기라는 말이지만, 어린아이가 호랑이 무서워할 줄 모른다고 젊은이를 냉시하지 마라. 곧 무서운 호랑이가 되어 언제 공격할지도 모르니.

인용 원문

(75)

공자가 말하였다.

후생(후에 태어난 자)은 두려울 만하니, 앞으로 태어날 자가 지금보다 못할 줄을 어떻게 알겠는가?

그러나 40,50이 되었는데도 알려짐이 없으면 이 또한 두려워할 것이 못된다.

子日: "後生可畏, 焉知来者之不如今也.

四十五十無聞焉, 斯亦不足畏也已." (《論語 · 子罕》09.23)

(76)

공자는 안연을 평가하며 말하였다.

애석하구나.(안연이 일찍 죽어)

나는 그(안연)가 나아가는 것을 보았지, 그가 멈추는 것을 보지 못했다.

子謂顔淵日, "惜乎! 吾見其進也, 未見其止也." (《論語 · 子罕》09.21)

(77)

공자가 어느 날 자공에게 물었다.

"너와 안연 중에 누가 더 나은가?"

자공이 말하였다.

"자공(賜는 자하의 이름) 제가 감히 어찌 안연을 우러러 보겠습니까? 안연은 하나를 들으면 열을 알지만, 저는 하나를 들으면 둘을 알 뿐입니다."

"그렇다. 너나 나나 모두 안회보다 못하다." 공자가 말하였다.

子謂子貢曰"女與回也孰愈?"

對曰: "賜也何敢望回? 回也聞一以知十, 賜也聞一以知二."

子曰: "弗如也. 吾與女弗如也."(≪論語 · 公冶長≫05.09)

(78)

공자가 말하였다.

"말해주면 게을리하지 않는 자는 안회뿐일 것이다."

子曰: "語之而不惰者, 其回也與!"(《論語 · 子罕》09.20)

(79)

공자가 말하였다.

어질도다 안회(안연)여. 광주리에 담은 간단한 식사를 하고 표주박의 물을 마시고, 누추한 골목에 살면, 남들은 그 근심을 견뎌내지 못하지만 안회는 그 즐거움을 고치지 않는구나. 어질도다 안연이여!

子曰: "賢哉回也, 一簞食, 一瓢飮, 在陋巷, 人不堪其憂, 回也不改其樂. 賢哉回也." (《論語 · 雍也》6.11)

「食(sì)」자는 명사의 용법으로 쓰여 '사'라고 읽는다.

(80)
공자가 말하였다.
"군자에게는 세 가지 경계해야할 것이 있다.
젊었을 때는 혈기가 안정되지 않았으니 여색을 조심하고,
장성하였을 때는 혈기가 강하니 남과 다투지 말고,
노년이 되어서는 혈기가 쇠약해져 재물을 탐하게 되니 경계할 일이다."

孔子曰:
"君子有三戒. 少之時, 血氣未定, 戒之在色.
及其壯也, 血氣方剛, 戒之在鬪.
及其老也, 血氣既衰, 戒之在得."(≪論語 · 季氏≫16.07)

(81)
공자가 말하였다.
"군자는 세 가지를 두려워하여야 한다.
천명을 두려워하여야 하고, 대인을 두려워하여야 하고, 성인의 말씀을 두려워하여야 한다.
소인은 천명을 알지 못하여 두려워하지 않으며, 대인을 함부로 대하고, 성인의 말을 업신여긴다."

孔子曰:
"君子有三畏, 畏天命, 畏大人, 畏聖人之言.
小人不知天命而不畏也, 狎大人, 侮聖人之言."(《論語 · 季氏》16.08)

(82)

공자가 말하였다.

"비유하자면 산을 쌓는 것과 같다.

한 삼태기 때문에 산을 이루지 못하기도 하니, 그만두는 것도 내가 그만두는 것이다."

子曰: "譬如爲山, 未成一簣, 止, 吾止也." (≪論語 · 子罕≫09.19)

8. 과거의 잘못을 논하지 마라

旣往不咎 기왕불구

이미 끝난 일은 다시 왈가불가하지 마라

「기왕불구(旣往不咎)」의 「기(旣)」는 「이미」, 「왕(往)」은 「지나간 과거」, 「구(咎)」는 「책망하다」의 뜻이다. 이미 지나간 과거의 일은 책망하지 말라는 뜻이다.

『논어』 팔일(八佾)편에 나오는 내용이다.

노나라 군주 애공(哀公)이 공자의 제자 재여(宰予, 宰我, 子我)에게 토지신에게 제사 드리는 일에 대해서 묻자, 하나라는 소나무로 하고, 은나라는 측백나무로 하고, 주나라는 밤나무로써 하는데 이는 백성에게 전율(戰慄)을 느끼게 하기 위한 것이라 대답하였다.

밤나무는 한자로 「율(栗)」인데, 전율의 「율(慄)」과 음이 같다.

밤나무(「栗」)를 심어 폭력과 위세로 백성에게 공포감을 준다하여 주나라의 습속을 저급하고 비방적으로 표현한 것이 공자는 큰 불만이었다. 주(周)나라는 공자에게 가장 이상적인 국가관의 표상이었기 때문이다.(83)

공자는 이 말을 듣고, 화가 나서 이미 이루어진 일은 따지지 않는 것이며(「成事不說」), 이미 끝난 일은 다시 말하지 않으며(「遂事不諫」), 이전에 저지른 잘못은 다시 지적하는 않는 것(「旣往不咎」)이라며 재여의 잘못을 꾸짖었다.(84)

재여는 낮잠을 자다가 공자에게 썩은 나무 같은 놈이라고 욕을 먹기도 한 인물이다. 재여는 『논어』에서 부정적인 측면이 강한 인물이다.

재여가 어느 날 낮잠을 자자, 썩은 나무는 조각할 수 없고, 똥 묻은 담장에는 흙손질을 할 수 없는데 내가 뭘 꾸짖겠는가? 이전에는 사람의 말을 들으면 그의 행실을 믿었는데, 재여를 보고 나서, 사람의 말을 들으면 그의 행실을 살펴보았다 라고 공자가 나무랐다. 재여는 달변이었으나, 행실은 그에 미치지 못했던 모양이다.(85)

「성사불설(成事不說)」·「수사불간(遂事不諫)」과 「기왕불구(旣往不咎)」는 공자의 이른바 「삼불(三不)」 원칙이다. 「수사(遂事)」는 이미 끝마친 일을 말한다.

「성사불설(成事不說)」은 이미 이루어진 일은 다시 말하지 말아야 하고, 「수사불간(遂事不諫)」은 이미 끝나 버린 일은 다시 지적하지 말아야 하고, 「기왕불구(旣往不咎)」는 이미 잘못된 일은 거듭해서 꾸짖어서는 안된다는 뜻이다.

세 가지를 층차적 단계로 보아도 좋을 것이다.

이미 합의를 거쳐 결정한 일이라면 다시 왈가불가 고집을 부려 따지지 말고, 계획대로 일이 진행되어 그 일이 끝났으면 이랬어야 한다 저랬어야 한다 지적하지 말아야 하며, 결과가 좋지 않게 끝났다고 하더라도 앞날을 모색해야지 비방과 비난만을 늘어놓아서는 안된다.

남과 다툼이 없을 수 없다. 다투다보면 상대방이 저질렀던 과거의 잘못을 무기로 삼고자 하는 유혹을 느낀다. 하지만 그 무기는 오히려 되돌릴 수 없는 큰 화가 되고 가장 비겁한 사람이 될 수 있다. 단순한 말다툼이 큰 싸움이 되지 않기 위해서는 「기왕불구」의 철칙을 명심해야 한다.

인용 원문

(83)

공자가 말하였다.

"심하도다 나의 쇠약함이여. 오래되었도다. 내가 다시 주공(周公)을 꿈에서 뵙지 못한 것이."

子曰: "甚矣吾衰也! 久矣吾不復夢見周公." (≪論語 · 述而≫ 07.05)

공자가 말하였다.

"문왕은 천하를 셋으로 나누었는데 그 둘을 가지고서도 은을 섬겼다. 따라서 주나라의 덕은 지극한 덕이라고 할 수 있다."

"三分天下有其二, 以服事殷. 周之德, 其可謂至德也已矣.(≪論語 · 泰伯≫08.20)

(84)

애공이 재아에게 사(社)에 관하여 묻자, 재아는 대답하였다.

"하후씨는 소나무로써 하였고, 은나라는 측백나무로써 하였고, 주나라는 밤나무로써 하였다. 주나라가 밤나무로 한 것은 백성에게 전율을 느끼게 하기 위한 것이다."

공자가 이 말을 듣고 말하였다.

"이미 이루어진 일은 말하지 않는 것이며, 이미 끝난 일은 다시 말하지 않는 것이며, 이미 지나간 일은 잘못을 다시 꺼내지 않는 것이다."

哀公問社於宰我, 宰我對曰:
"夏后氏以松, 殷人以柏, 周人以栗, 曰: 使民戰栗."
子聞之, 曰: "成事不說, 遂事不諫, 既往不咎." (≪論語 · 八佾≫ 03.21)

(85)
재여가 낮잠을 자자, 공자가 말하였다.
"썩은 나무는 조각할 수 없고, 똥 묻은 담장에는 흙손질을 할 수 없는데 내가 뭘 꾸짖겠는가?"
공자가 말하였다.
"이전에는 사람의 말을 들으면 그의 행실을 믿었는데, 재여를 보고나서, 사람의 말을 들으면 그의 행실을 살펴보게 되었다."

宰予晝寢, 子曰:
"朽木不可雕也, 糞土之墻不可杇也, 於予與何誅!"
子曰:
"始吾於人也, 聽其言而信其行, 今吾於人也, 聽其言而觀其行. 於予與改是."(≪論語 · 公冶長≫05.10)

9. 철저히 준비하라

必先利器 필선이기

장인은 먼저 연장을 잘 다듬는다

「필선이기(必先利器)」는 물건을 잘 만들려면 반드시 먼저 연장을 날카롭게 다듬어 준비한다는 뜻이다.

「이(利)」는 「날카롭게 하다」의 뜻이고, 「기(器)」는 연장을 말한다. 『논어』 위령공(衛靈公)의 「공욕선기사, 필선이기기(工欲善其事, 必先利其器)」에서 나온 말이다.

자공(子貢)이 공자에게 인에 대하여 묻자, 장인(匠人)이 물건을 잘 만들려면 반드시 먼저 연장을 다듬어 날카롭게 하듯이 현명한 자나 인자(仁者)를 가까이 해야 한다고 하였다.(86)

공자가 주장하는 예리한 연장은 환경이다. 즉 환경의 중요성을 역설한 것이다. 환경이 우리를 만들 수도 있고 변화시킬 수 있다. 유유상종(類類相從), 끼리끼리 노는 법이다.

맹자의 어머니가 묘지에서 시장으로 다시 학교로 이사한 이유 또한 환경론을 알았기 때문이다. 증자(曾子)는 '군자는 글로써 벗을 모으고, 벗으로써 인을 보충한다'하였다.(87)

「근주자적, 근묵자흑(近朱者赤, 近墨者黑)」은 주사(朱沙)를 가까이 하면 붉게 변하고, 먹을 가까이 하면 검게 되는 것이니 주위 환경을 조심하라는 속담이다. 좋은 사람을 가까이 하면 아무래도 좋은 점을 많이 보고 배울 수 있어 자기를 성찰할 수 있고, 나쁜 사람을 가까이 하면 자기도 모르는 사이에 나쁜 일에 마비가 될 수 있다.

학문에 힘쓰는 사람이 '필선이기'로 심신을 닦는 것은 중요한 항목 중에 하나이다. 그래서 퇴계는 배우는 사람의 공부 중 가장 절실한 것은 심신을 닦는 것이라 했다.(88) 공부를 많이 해서 높은 자리에 있는데, 도덕적으로 문제가 있으면 더 큰 일이다.

「필선이기」는 어떤 일을 하기에 앞서 먼저 철저히 준비하여야 한다는 말로 쓰인다. 칼과 낫이 날카롭지 않으면 주방장이 채소와 고기를 다듬지 못하고, 농부가 풀과 벼를 베지 못한다.

모든 일의 성공 여부는 노력에 달려있다. 노력하는 자만이 성공의 단 맛을 볼 수 있다. 사전에 자기가 쓰는 도구를 날카롭게 하는 것이 철저히 준비하는 노력이다. 노력 없는 성공은 일시적인 행운일 뿐이고, 요행은 오래 가지 못하며, 설사 성공한다 한들 오래 갈 수 없다는 것을 알기 때문에 항상 노력해야 한다.

나에게는 왜 훌륭한 재능을 주시지 않았고, 왜 우리 부모님은 가난한가? 감사하기보다 우리는 원망에 익숙해져 있다. 가진 자와의 비교는 비극의 시작이다.

그러나 주위를 둘러봐라, 나보다 못나고, 나보다 좋지 않는 환경에 놓인 자가 얼마나 많은가. 행복은 가진 것에 있는 것이 아니라, 가진 것에 만족하는 것에 있다.

불평과 불만으로 가득찬 부정적인 삶을 사는 사람과, 희망과 열정을 가지고 긍정적으로 살아가는 사람이 바라보는 세상은, 하나는 지옥이고 하나는 천국이다.

긍정적인 태도로 먼저 연장을 갈고 닦고 기름치고 노력을 한다면 이루어지지 않을 일은 하나도 없다. 목표가 무엇이든지 간에.

맹자는 하늘이 사람에게 큰 임무를 내리려 할 때면 먼저 큰 시련을 준다고 하였다. 큰 일을 할 사람은 그 일을 감당할 만한 굳은 의지가 필요하기 때문에 그만큼 심신단련에 필요한 고생을 하게 된다는 것이다.

순(舜)임금 같은 성군(聖君)도 밭농사를 지었고, 부열(傅說)은 성벽(城壁)을 쌓는 일을 하다가 은(殷)나라의 재상(宰相)이 되었으며, 생선 장수를 하던 교격(膠鬲)은 文王에게 발탁되었고, 옥중에 갇혀 있던 관중(管仲)은 제(齊)나라 환공(桓公)을 도와 天下를 제패(制覇)하였으며, 바닷가에 숨어 살던 가난한 선비 손숙오(孫叔敖)는 초(楚)나라 장왕(莊王)을 도와 天下를 다스렸고, 백리해(百里奚)는 팔려 다니던 몸이었지만 진(秦)나라 목공(穆公)을 도와 天下를 다스렸다.

그래서 환란은 강하게 살아 남을 수 있는 가장 좋은 방법이고, 편안한 안락은 죽음에 이르게 되기 쉽다는 것이다.(89)

역경은 필요악이다. 현재의 고통 속에서 묵묵히 「필선이기(必先利器)」하면 반드시 나를 필요로 하는 곳이 있을 것이다.

인생이 너무 순탄하기만 하다면 사는 맛이 없지 않겠는가!

인용 원문

(86)

자공이 인에 대하여 묻자 공자가 답하였다.

"공인이 그 일을 잘 하려면 반드시 먼저 연장을 예리하게 하듯이, 그 나라에 살 때는 그 나라의 대부 중에 현명한 자를 받들고, 그 나라의 선비 중에서 인한 사람을 벗으로 하여야 한다.

子貢問爲仁. 子曰:

"工欲善其事, 必先利其器. 居是邦也, 事其大夫之賢者, 友其士之仁者." (≪論語 · 衛靈公≫15.10)

(87)

증자는 말하였다.

군자는 글로써 벗을 모으고, 벗으로써 인을 돕는다라 했다.

曾子曰:

"君子, 以文會友, 以友輔仁."(≪論語 · 顔淵≫12.24)

(88)

배우는 사람의 공부 가운데 심신을 닦는 것보다 절실한 일은 없다.

"學者用工, 莫切於心身." (李退溪)

(89)

맹자가 말하였다.

"순(舜) 임금같은 聖君도 밭 가운데에서 발탁되었고, 부열(傅說)같은 은(殷)나라의 재상(宰相)도 성벽(城壁)을 쌓는 일을 하다가 등용되었으며, 교격(膠鬲)같은 어진 신하도 생선소금장수의 몸으로 文王에게 발탁 되었고, 제(齊)나라 환공(桓公)을 도와 天下를 제패한 한 관중(管仲)도 옥중에 갇혀 있던 몸으로 등용되었으며, 楚나라 장왕(莊王)을 도와 天下를 제패한 한 순숙오(孫叔敖)도 바닷가에 숨어 사는 가난한 선비에서 천거를 받았고, 진(秦)나라 목공(穆公)을 도와 天下를 다스린 백리해(百里奚)는 팔려 다니던 몸이었다.

하늘이 큰 임무를 그 사람에게 내려려 할 때는, 먼저 그 의지를 곤란케 하며, 그 근육과 뼈를 수고롭게 하며, 몸과 살을 굶주리게 하고, 그 몸을 궁핍하게 하며, 그가 하는 일을 어그러뜨리고 어지럽게 한다. 이렇게 함으로써 마음을 분발시키고 성질을 참게 하여, 그 능하지 못한 부분을 증익시키기 위한 것이다.

그래서 사람은 항상 허물이 있은 뒤에 고치는 것이니, 마음에 고달픈 것이 있고 생각에 순조롭지 못한 것이 있은 뒤에 분발하여 일어나는 것이다. 또한 얼굴에 나타나고 소리를 내고 난 다음에 깨닫게 되는 것이다.

나라 안으로는 법도가 있는 사대부 집안과 보필하는 선비가 없으며, 또한 나라 밖으로는 적국과 외환이 없다면 항상 멸망한다. 그래서 사람은 우환이 있으면 살고 안락하면 죽는다는 것을 알게 되는 것이다."

孟子曰:

"舜發於畎畝之中, 傅說擧於版筑之間, 膠鬲擧於魚鹽之中, 管夷吾擧於士, 孫叔敖擧於海, 百里奚擧於市.

故天將降大任於是人也, 必先苦其心志, 勞其筋骨, 餓其體膚, 空乏其身, 行拂亂其所爲, 所以動心忍性, 曾益其所不能. 人恒過, 然後能改. 困於心, 衡於慮, 而後作. 徵於色, 發於聲, 而後喩. 入則無法家拂士, 出則無敵國外患者, 國恒亡. 然後知生於憂患, 而死於安樂也."(《孟子 · 告子下》)

10. 가르쳐라

誨人不倦 회인불권

가르치기를 게을리 해서는 안된다

「회인불권(誨人不倦)」은 남을 가르치고 인도하기를 게을리 하지 않는다는 말이다.

「회(誨)」는 「남을 가르치고 인도한다」라는 뜻이고, 「권(倦)」은 「게으르다」·「싫증을 내다」라는 뜻이다.

공자 자신은 묵묵히 그저 배워서 알게 되었고, 배우기를 싫증 내지 않았으며 또한 남 인도하기를 게을리하지 않았다고 하였다.(90)

자공이 공자에게 성인이냐고 물었다. 공자는 자신은 성인이 아니기 때문에 성인의 일에 능숙하지 않지만, 배우는 것이 싫증나지 않고, 가르치기를 게을리 하지 않는다고 하였다. 자공(子貢)은 배움에 싫증이 나지 않는 것은 「지혜(智)」이고, 가르치기를 게을리 하지 않는 것은 「인(仁)」한 것인데, 공자가 이 둘을 갖추고 있기 때문에 성인이라고 하였다.(91)

「묵이식지(默而識之)」·「학이불염(學而不厭)」과 「회이불권(誨人不倦)」은 성인이 갖추어야 할 덕목이다. 이 세 가지를 수양하면, 공자와 같은 위대한 성인에게까지는 미치지 못할지라도, 적어도 그 다음 버금가는 훌륭한 사람은 될 수 있다.

「묵이식지(默而識之)」 중의 「識」자의 음은 「식」, 뜻은 「알다」라는 의미로 해석하기도 하고, 음을 「지」, 「기억하다」라는 의미로 풀이하여, 배운 지식을 묵묵히 가슴 속에 간직한다는 뜻으로 보기도 한다.

『논어』 중 '많이 듣고 좋은 것을 골라서 따르며, 많이 듣고 아는 것이 지혜의 두 번째 단계다(「多問, 擇其善者而從之, 多見而識之, 知之次也」)'라는 구절이 있다. 이 구절은 「묵이식지」와 관련이 있는 내용으로 이해할 수 있다.(92) 이 중 「식(識)」자 역시 '알다'라는 뜻으로 이해할 수 있기 때문에 여기서는 '알다'라는 의미로 해석하였다.

「묵이식지」는 나보다 훌륭한 사람을 보면 그와 같아지기 위하여 노력하고 나보다 못한 사람을 만나면 스스로 반성하여 그렇게 되지 않도록 노력하는 것과도 같다.(93) 이는 서적과 스승의 가르침을 통하여 지혜를 습득하는 식의 공부가 아닌 주위 환경을 통하여 지혜를 넓혀가는 공부를 이른다.

「학이불염(學而不厭)」은 인생 역경, 학문 탐구에 대한 공부, 지혜로운 삶을 위한 공부가 고역이 아닌 즐거움 그 자체인 것을 말한다. 알아간다는 것, 할 수 없었던 것을 할 수 있게 되었다는 것. 이를 즐길 수 있다는 것이 얼마나 행복한 일인가? 배운다는 것은 정말 행복한 일이다. 그러나 경쟁을 위한 공부는 아니어야 한다. 배움은 행복하게 살아가는 상식을 알려 주는 길이다. 배움은 스트레스가 아니라 더 즐겁게 살아가기 위한 방도를 강구하는 것이다.

운동을 배우고 헬스장에 가서 몸을 만드는 것은 남을 이기기 위해서도 아니고, 몸매를 과시하기 위해서도 아니다. 해당 규칙과 방식을 배우고, 반복 학습을 통해 숙지의 즐거움을 알고, 그 결과 재미있게 노는 방식을 배우는 것이다.

아는 것은 좋아하는 것만 못하고, 좋아하는 것은 즐기는 것만 못하다고 했다.(94)

공자의 제자가 삼천이라니, 「회인불권(誨人不倦)」을 제대로 실천한 셈이다.

사람은 다른 사람의 잘못을 지적하고 충고하고 가르치기를 좋아한다. 그래서 맹자는 사람의 잘못은 「호위인사(好爲人師)」, 가르치기를 좋아하는데 있다고 하였다.(95) 그러나 이는 진정한 가르침이 아니라 상대방에게 상처를 남기는 지적질, 비난이 되기 쉽다. 충고는 반드시 필요하지만 애정어린 마음의 표현이 우선시되어야 한다.

남을 가르친다는 것은 쉬운 일이 아니다. 교단에서 학생들을 가르치는 것 또한 마찬가지이다. 학생의 지적 욕구를 충분히 만족시킬 수 있도록 학문을 전달하는 것도 어렵지만, 존경받는 진정한 스승이 되기란 더욱 어렵다.

공자는 자신이 배우는 것과 가르치는 것에 싫증을 내지 않았고 게을리 하지 않았다고 말할 수 있다 하였다. 그러자 제자 공서화(公西華)는 이것이 바로 제자들이 스승에 미치지 못하는 점이라 하였다.(96) 남을 가르친다는 것은 성인과 같은 사람이 하는 매우 어려우면서도 중요한 일이다. 어렵고 중요하다는 것은 그만큼

값지다는 것이다.

성인 공자의 가르침과 지금 우리의 교육과는 큰 차이가 있겠지만, 우리의 교육에도 역시 의미가 있다.

학문적으로 성과를 내고 세계적인 인물이 될 수 있도록 하는 학문 탐구의 가르침도 중요하지만, 세상을 살아가면서 남과 더불어 살아가는 겸손을 가르치는 것 또한 게을리 하지 말아야 한다. 학생들이 아무데서나 담배를 피우고 담배 꽁초를 함부로 버리고, 욕설을 마구하는 모습을 자주 목격하는데도, 요즘 어른들은 별로 관심이 없다. 물론 지적했다가 오히려 낭패를 당할 수도 있겠지만, 좀 더 친근하고 부드럽게 지적한다면 대부분의 젊은이는 수긍을 할 것이다.

교육의 기회는 누구에게나 평등하게 주어져야 한다. 빈부나 귀천에 상관없이 누구나 평등하게 교육 받을 권리가 있다. 영재만 골라 가르쳐서도 안되고, 선한 사람만 가르치려 해서도 절대 안된다. 오히려 진정한 교육의 가치는 그 반대에 있을 것이다. 그래서 공자는 교육은 「유교무류(有教無類)」라 하였다.(97)

학생은 학교를 근본으로 삼고 믿음을 두어야 한다.

퇴계 이황은 학교는 교화의 근본이며 모범을 보이는 곳이며 예의의 근본이고 왕성한 기운이 감도는 곳이라 했다.(98) 학생이 선생님을 신뢰하지 않으니 경천동지(驚天動地)할 사건들이 일어나는 것이며, 몰라서 실천하지 못하는 것은 그 사람의 죄가 아니라고 했다.(99) 그래서 가르치기를 게을리 해서는 안되는 것이다. 사회가 문란할수록 더욱 가르치기에 힘써 보다 나은 사회가 되도록 하여야 한다.

물방(勿放) : 방종하지 말라.
물오(勿傲) : 거만하지 말라.
물다언(勿多言) : 말을 많이 하지 말라.
거처공(居處恭) : 생활할 때 몸가짐을 공손히 하라.
집사경(執事敬) : 일을 맡으면 공경하라.
여인충(與人忠) : 남과의 사귐은 정성스레 하라.

퇴계(退溪)가 제자를 가르치는 잠언(箴言)이다.

그러나 억압은 교육이 절대 아니다. 자율 속에서 학생이 스스로 자신의 길을 걸어갈 수 있도록 안내해주고 선도자적 역할을 해야 한다. 「언교(言敎)」보다 「신교(身敎)」를 해야 한다. '언교'는 말로 가르치는 것이고, '신교'는 몸으로 솔선수범하는 것이다. 말보다는 몸으로 솔선수범해야 설득력이 있다.

자녀 교육은 절대 부모 자신의 만족을 위한 것이 아니다.

능력을 계발해주고 꿈을 키워주고 행복하게 살 수 있는 방법을 찾아주는 것이다. 부모는 자신이 지금 오히려 새싹이 자라지 못하도록 짓누르고 있는 돌멩이 같은 존재가 아닌지 생각해 봐야 한다.

인용 원문

(90)

공자가 말하였다.

"묵묵히 배워 알고, 배우기를 싫증내지 않으며, 남을 가르치고 인도하는 것을 게을리 하지 않는 것 이외에 나에게 또 무엇이 있으랴!"

子曰:

"默而識之，學而不厭，誨人不倦，何有於我哉!"(《論語·述而》07.02)

(91)

옛날에 자공이 공자에게 물었다.

"스승님은 성인이십니까?"

공자가 말하였다.

"성인의 일은 내가 할 수 없지만, 배우는 것에 싫증이 나지 않으며, 가르치는 것을 게을리하지 않았다."

자공이 말하였다.

"배우는 것에 싫증나지 않는 것은 智이고, 가르치는 것에 게을리 하지 않는 것은 인(仁)입니다. 인(仁)하면서 지혜로우시니 스승은 이미 성인이십니다."

무릇 성인은 공자도 자처하지 않으니 이 무슨 말인가?

昔者子貢問於孔子曰: "夫子聖矣乎?"

孔子曰: "聖則吾不能, 我學不厭而教不倦也."

子貢曰: "學不厭, 智也. 教不倦, 仁也. 仁且智, 夫子既聖矣."

夫聖, 孔子不居, 是何言也! (≪孟子 · 公孫丑上≫)

(92)

공자가 말하였다.

"아마도 알지 못하면서 실천하는 자는 있겠지만, 우리들에게는 이러한 것이 없다. 많이 듣고서 그 중 선한 것을 택하여 따르며, 많이 보아서 아는 것이니 지혜로움의 두 번째 단계다."

子曰:

"蓋有不知而作之者, 我無是也. 多聞, 擇其善者而從之, 多見而識之, 知之次也." (≪論語 · 述而≫07.28)

(93)

공자가 말하였다.

"공자는 어진이의 행동을 보면 그와 같아지기 위하여 노력하고, 어질지 못한 자를 보면 그와 같이 행동하지 않기 위하여 스스로 반성해야 한다."

子曰:

"見賢思齊焉, 見不賢而內自省也." (≪論語 · 里仁≫04.17)

(94)

공자가 말하였다.

"아는 것은 좋아하는 것만 못하고, 좋아하는 것은 즐기는 것만 못하다."

子曰:

"知之者不如好之者, 好之者不如樂之者." (≪論語 · 雍也≫06.20)

(95)

사람의 잘못은 다른 사람의 스승이 되고자 하는데 있다.

"人之患在好爲人師."(≪孟子 · 離婁上≫)

(96)

공자가 말하였다.

"성(聖)과 인(仁)과 같은 것을 내가 어찌 감히 할 수 있겠냐만은 이를 위하여 노력하는 것을 싫어하지 않고, 다른 사람을 가르치는 것을 게을리 하지 않았다고는 말할 수 있다."

공서화가 말하였다.

"바로 이것이 오직 저희 제자들이 배울 수 없는 점입니다."

子曰:

"若聖與仁, 則吾豈敢? 抑爲之不厭, 誨人不倦, 則可謂云爾已矣."

公西華曰:

"正唯弟子不能學也." (≪論語 · 述而≫07.34)

(97)

공자가 말하였다.

“가르침에는 차별이 없어야 한다.”

子曰:

“有教無類.” (《論語 · 衛靈公》15.39)

(98)

학교는 교화의 근본이고 모범을 보이는 곳이며 예의의 근본이고 왕성한 기운이 감도는 곳이다.

“學校風化之源, 首善之地, 禮儀之宗, 元氣之寓也.” (李滉, 《退溪先生文集》)

(99)

몰라서 실천하지 못하는 것은 그 사람의 죄가 아니다.

“不知而無爲者, 非其人之罪.”(《退溪先生文集》)

11. 베풀어라

惠而不費 혜이불비

은혜를 베풀어라. 나에게 손해날 것은 하나도 없다

「혜이불비(惠而不費)」는 '남에게 은혜를 베풀어도 비용이 들지 않는다'는 뜻이다. '남에게 베풀어라. 돈들 일 아니다'라는 말과 같다. 「혜(惠)」는 「은혜를 베풀다」, 「비(費)」는 「소비하다」의 뜻이다.

공자는 자장(子張)에게 정치를 하려면 다섯 가지 미덕을 갖추고, 네 가지 악재(惡材)를 없애야 한다고 하였다.(100)

다섯 가지 미덕은 은혜를 베푸는 것(「惠而不费」), 원망을 사지 않는 것(「勞而不怨」), 탐하지 않는 것(「欲而不貪」), 교만하지 않는 것(「泰而不驕」), 사납지 않는 것(「威而不猛」) 등이다.

네 가지 악재는 학대하는 것(「虐」), 포악한 것(「暴」), 해치는 것(「賊」), 인색한 것(「吝」)이다.

「혜이불비(惠而不費)」란 백성들이 진정으로 필요로 하고 또 그들을 이롭게 하는 것은 백성에게 은혜를 베푸는 것이지 재물을 베푸는 것이 아니기 때문에, 백성에게 베풀어 주고도 비용이 들지 않는 것이다. 은혜는 끝없이 베풀어도 비용이 들지 않는 것이다.

백성에게 원망을 사면 선심성 물량공세를 하고, 선거 때만 되면 월급을 올려준다든지 세금을 면제해준다는 등의 물질적 공세로 백성을 우롱하는 것이 정치다. 국민에게 필요한 것은 한 두푼의 푼돈이 아니라, 인간답게 살고 존경 받고 서로 신뢰하고 의지하며, 가진 것 없어도 노력하면 행복하게 살 수 있다는 희망과 믿음이다.

백성이 나라를 위하여 열심히 일하고도 원망을 하지 않는 「노이불원(「勞而不怨」)은 나라를 위하여 봉사할 만한 정당한 기준과 약속이 있어 이에 따라 결과를 실행하는 것이기 때문에 불만이란 있을 수 없다는 것이다.

대한민국 남자라면 국방의 의무를 지는 것은 당연한 일이다. 그런데 그 책임이 원망스럽고 한이 되는 것은 부당한 방법으로 질서를 무너뜨린 위정자들 때문이다. 나라가 국민들에게 국방의 의무를 부여하면서 엄격한 잣대와 기준없이 뇌물과 편법을 통한 책임 회피를 눈감아 준다면 어느 누가 원망하지 않겠는가?

국방의 의무가 뇌물과 편법으로 공정하게 실행되지 않는다면 인생에서 가장 중요한 시기를 군대에서 보내고 싶은 사람은 하나도 없을 것이다. 인생의 가장 중요한 시기인 20대에, 돈 없고 뒤를 봐주는 사람이 없어서 초소 앞에 외로이 서서, 엄동설한 차가운 밤 쏟아지는 유성만을 하염없이 바라보는 젊은이는 무슨 생각을 하겠는가. 원망 뿐이다.

욕심을 내지만 탐욕이 아닌 「욕이불탐(欲而不貪)」하는 것, 공자는 인을 하고자 하여 인을 얻었고 탐하지 않았기 때문에 탐욕이 아니라 했다. 인은 어진 것, 좋은 것이다. 좋은 것, 착한 것, 훌륭한 일에 욕심을 부리는 것은 욕심이 아니다. 이런 욕심는 많을수록 좋다. 인(仁) 뿐만 아니라, 재물을 비롯한 인간사 모든 것에도 욕심이 있어야 한다. 그러나 욕심이 과하면 탐욕이 되고 불행이 시작된다.

편안하고 태연한 모습이면서도 교만하지 않은 「태이불교(泰而不驕)」란, 항상 겸손하여 큰 일이나 작은 일이나, 큰 사람이나 작은 사람에게나 교만하지 않으니, 큰 일이 닥쳐도 당황하지 않고 유연하게 대처하여 항상 얼굴에 환한 미소를 잃지 않는 단아한 모습을 말한다. 강한 자에게는 약하고 약한 자에게는 강한 자에게 태연함이란 있을 수 없다. 가장 비겁한 사람은 권력가 앞에서는 두 손이 닳아지도록 아첨하고, 약한 자를 보면 근엄하고 교만해지는 자다.

위엄이 있으면서도 사납지 않은 「위이불맹(威而不猛)」이란 군자의 외관적 모습을 말한다. 의관을 바르게 하고 시선을 높게 고정하고 당당하면, 사람들이 우러러 보고 존경하게 되며 신뢰감을 갖게 된다. 이러한 모습은 상대방에게 위협을 주어 두렵게 느끼게 하기 위한 것이 아니다. 오히려 외관을 바르게 하고, 행동거지를 분명하고 예의 바르게 하는 것은 상대방을 위한 배려이며, 존중하는 태도이다. 그러나 엄숙함과 근엄함이 지나쳐 상대방에게 위압감을 느끼게 해서는 안된다. 따뜻하고 온화하면서도 진지하고 진솔하게 상대방을 대하고, 아랫사람에게는 위엄이 있으면서도 무섭고 사납지 않으며, 공손하면서도 편안하게 해야 한다. (101)

부모는 자녀의 직접적인 스승이다. 부모는 집에서 의관을 바르게 하고, 행동거지는 집안 식구에게 모범이 되어야한다. 텔레비젼을 시청하거나 책상에 앉아 책을 볼 때, 자세를 바르게 하고 단정하고 의젓하게 앉아야 한다. 소파에 눕거나 바닥에 누워서 시청하면 집중력이 떨어지고 쉽게 피곤하게 되고, 균형적인 신체 발달에도 도움이 되지 않으니, 자신을 위해서도 삼가할 일이다.

청소년은 신체나 정신이 아직 성장기에 있는 질풍노도의 시기라 어디로 튈지 모른다. 잘못도 할 수 있고, 때로는 반항도 하고 싶은 때이다. 선생님의 따뜻한 한마디, 부모님의 배려와 이해는 그들이 걸어가는 길고 힘든 여정의 그늘과 쉼터가 될 것이다.

충고는 사랑을 바탕으로 하되, 위엄이 있어야한다. 큰 소리 치고 윽박지르고 신경질적으로 자신의 스트레스를 풀 듯 해서는 안된다. 나무람도 근엄하고 간단하고 깔끔하게 해야 한다. 즉 「위이불맹(威而不猛)」, 위엄이 있되 사납게 해서는 안된다는 말이다.

공자는 위정자가 하지 말아야 할 다섯 가지를 지적하였다.

첫째는 「가르쳐 주지도 않고, 잘못했다고 처벌하는 것」이라고 하였다.(102) 이러한 행위는 「학대(虐待)」이다. 위정자에게 필요한 것은 백성을 옳은 길로 인도하는 것이다. 법이란 처벌을 하기 위한 올가미가 아니요, 위정자들이 불리한 때 이용하는 정치적 덫은 더더욱 아니다. 법은 약속이고 더불어 살기 위한 믿음이자 보호막이다.

백성에게 먼저, 인의예지(仁義禮智)가 왜 필요하고, 법을 지켜야 하는 이유를 교육하고, 그 약속을 지키지 않아 다른 사람이 피해를 입었을 때만 법적 처벌을 받는다는 것을 알려주어야 한다.

둘째는 「인도하지도 않고 성과만을 바라는 것」이다. 이러한 위정자는 「난폭자」이다.(103) 이러한 왕은 폭군(暴君)이고, 이러한 정치는 폭정(暴政)이다.

옛날에는 농사를 짓는데 농부에게 지금 필요한 것이 무엇이고, 뿌릴 씨앗은 있는지, 가뭄으로 피해는 없는지를 관리 감독하는 것도 위정자가 할 일이었다. 이러한 일을 제대로 처리하지 못하면서 높은 세금만을 받아간다면 이는 폭군이다.

인도하고 이끌어 주고 관리 감독하는 것은 국가의 몫이고, 이에 따라 부응하는 것이 백성의 몫이다. 승리는 감독에 의하여 좌우된다 해도 과언이 아니다. 선수 각 개인의 능력도 중요하지만, 그보다 선수들이 능력을 충분히 발휘할 수 있는 공간을 만들어 주고, 유대감을 가지고 움직이게 할 수 있는 전략은 감독의 몫이다. 감독이 제대로 하지 못하면서 선수들에게만 승리하기를 바란다면 이는 폭군과도 같다.

셋째는 「행정을 제대로 실행하지 못하면서 기한 내에 성과를 바라는 것」이다. 이런 행위는 「도적(盜賊)」과 같다.

새로운 정부가 들어서면 인사가 바뀌고 행정이 바뀐다. 이전 정부의 계획이 좋고 나쁨의 선별 없이 철저히 부정되는 것이 우리의 현실이다. 재임 기간 내에 한 건 올리겠다고 이상한 고집을 부리면서, 백성의 사활은 강 건너 불구경 하듯 한다. 그렇게 한들 무슨 성과가 있겠는가.

정치는 물 흐르듯 해야 한다. 백성의 소리가 물이며 물이 흐르는 데로 따라가면 된다. 같이 흘러가면 된다. 바위를 만나면 손잡고 돌아 나가고, 썩은 물이 있으면 내 물 보태어 맑아지게 하고, 흙탕물이라도 조금만 서로 노력하면 금세 마실 수가 있다. 그렇게 흘러가야 큰 강이 되어 같이 흘러가게 되고 바다에서 모두 얼싸 안고 만나게 된다. 그런데 이 물을 강제로 틀어막고 억지로 거꾸로 올라가라 하니, 소용돌이 칠 수밖에 없다.

넷째는 「백성에게 베풀지 않는 인색」이다. 이와 같은 사람을 「구두쇠」라 한다. 나라는 백성을 위해 쓸 때 써야 한다. 굶주리고 상처투성이일 때, 창고를 활짝 열어 백성의 고통을 덜어 주고 감싸 안아주어야 한다. 재임 기간 내에 개인 재산을 축적한 위정자들이 적지 않았다. 이는 구두쇠임과 동시에 도적이다.

『명심보감(明心寶鑑)』은 덕으로써 남보다 나으면 강하고, 재물로써 남보다 강하면 흉한 것이라 했다.(104)

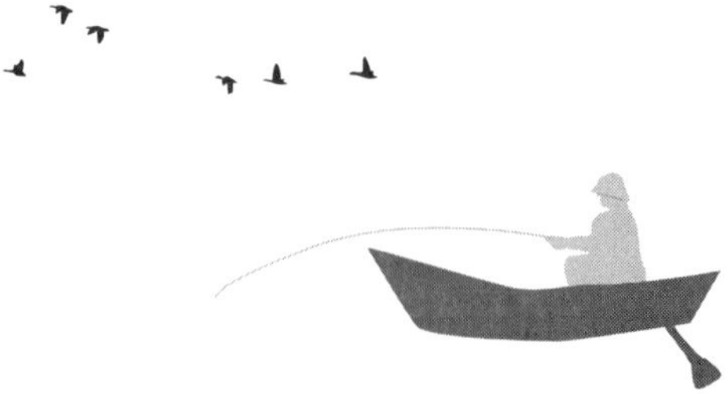

인용 원문

(100)

자장이 공자에게 물었다. "어떻게 해야 나라를 다스릴 수 있나요?"

공자께서 대답하셨다. "다섯 가지 미덕을 존중하고, 네 가지 악재를 없앤다면 정치를 한다고 할 수 있다."

장자가 물었다. "다섯 가지 미덕은 무엇입니까?"

공자가 말하였다. "첫째, 군자는 은혜를 베풀지만 허비하지 않는 것이다. 둘째, 수고롭게 하여도 원망을 듣지 않는 것이다. 셋째, 하고자 하면서도 탐욕하지 않는 것이다. 넷째, 태연하면서도 교만하지 않는다. 다섯째, 위엄이 있으면서도 교만하지 않는 것이다."

자장이 물었다. "그렇다면 무엇이 은혜를 베풀고도 허비하지 않는 것입니까?"

공자가 말하였다. "백성들에게 이로운 것이 무언가에 따라서 이롭게 하는데, 은혜롭되 낭비하지 않는 것이 아니고 무엇이겠는가? 마땅히 수고롭게 해야 할 때 수고롭게 하는데 누구를 원망하겠는가? 인에 욕심을 부리고 인을 얻으니 어찌 이게 탐했다고 할 수 있겠는가? 군자는 많거나 적거나 크거나 작거나 관계없이 감히 오만하게 대하는 것이 없으니 이것이 또한 태연하면서도 교만하지 않는 것이 아니겠는가? 군자는 의관을 바르게 하고 시선을 높게 고정함으로서 근엄하니, 사람들이 우러러 보고 두려워하게 되니 이것이 위엄이 있으면서도 사납지 않는 것이 아니겠는가."

자장이 물었다. "무엇이 네 가지 악재입니까? "

공자가 말하였다. "사전에 가르쳐주지도 않고 잘못을 하면 처벌하는 것은 곧 백성을 학대하는 것이고, 제대로 이끌어 주지 않으면서도 성공하기만을 바라는 것은 포악한 행위이며, 명령을 제때 내리지 않고 기일 안에 완성하라고 하는 것은 백성을 해치는 도적과 같은 행위이고, 백성에게 나누어 주어야하는 데도 출납에 인색한 것은 인색한 관리 유사(有司)같은 행위이다."

子張問於孔子曰: "何如斯可以從政矣?"

子曰: "尊五美, 屛四惡, 斯可以從政矣."

子張曰: "何謂五美?"

子曰: "君子惠而不費, 勞而不怨, 欲而不貪, 泰而不驕, 威而不猛."

子張曰: "何謂惠而不費?"

子曰: "因民之所利而利之, 斯不亦惠而不費乎? 擇可勞而勞之, 又誰怨? 欲仁而得仁, 又焉貪? 君子無衆寡, 無大小, 無敢慢, 斯不亦泰而不驕乎? 君子正其衣冠, 尊其瞻視, 儼然人望而畏之, 斯不亦威而不猛乎?"

子張曰: "何謂四惡?"

子曰: "不教而殺謂之虐, 不戒視成謂之暴, 慢令致期謂之賊, 猶之與人也, 出納之吝謂之有司."(《論語·堯曰》20.02)

(101)

"공자께서는 온화하면서도 엄숙하시고, 위엄이 있으면서도 사납지 않고, 공손하면서도 편안하였다."

"子溫而厲, 威而不猛, 恭而安."(《論語 · 述而》07.38)

(102)
공자가 말하였다.

"사전에 가르치지 않으면서 잘못을 하면 처벌하는 것은 곧 백성을 학대하는 것이다."

子曰:

"不敎而殺謂之虐."(《論語 · 堯曰》20.02)

(103)
공자가 말하였다.

"인도하지도 않고 성과만을 바라는 것은 폭력이다."

子曰:

"不戒視成謂之暴."(《論語 · 堯曰》20.02)

(104)
덕으로써 사람을 이기면 강한 자이지만 재물로 사람을 이기는 자는 흉한 자이다.

"以德勝人則强, 以財勝人則凶."(《明心寶鑑》)

12. 상상력을 키워라

擧一反三 거일반삼

하나를 거론하면 셋을 추론하여라

「거일반삼(擧一反三)」은 하나를 거론하면 셋을 미루어 짐작함을 말한다.

「거(擧)」자를 고문자는 「」로 쓴다. 손으로 물건을 들어 다른 사람에게 건네주는 뜻이다. 여기에서는 '제기하다', '거론하다'의 의미이다. 「반(反)」은 '유추하다', '미루어 짐작하다'는 뜻이다.

공자에게는 세 가지 교육 방침이 있는데, 이는 학생에 대한 요구이기도 하다.

만약에 공부하고 싶어하는 강렬한 욕망이 없으면 가르치기를 시작하지도 않을 것이며, 말로 어떻게 표현할 줄 몰라 고민하고 있지 않으면 말해주지 않을 것이며, 하나를 거론하였는데 세 개를 미루어 짐작할 줄 모르면 다시 다른 것을 가르치지 않는 것이다.(105)

첫째 단계는 배우고자 하는 마음의 열정이다.

「불분불계(不憤不啓)」는 배우겠다는 열분(熱憤)이 없으면 계도하지 않겠다는 말이다. 「분(憤)」은 배우고자 하는 욕망이 복받쳐 오름을 말한다. 배움의 기회는 누구에게나 있다. 중요한 것은 배우고자 하는 강렬한 욕망, 즉 필요함이다. 욕망이 있고 없음에 따라 결과에 큰 차이가 있다.

「계(啓)」는 '시작하다', '계도한다'는 말이다. 배움에 욕망이 있는 자만을 가르치겠다는 것이다.

중국 춘추전국시기에, 지도자가 되기 위해서는 필수적으로 배워야할 기본적인 학습과목 육예(六藝)가 있었다. 「예(禮)」·「악(樂)」·「사(射)」·「어(御)」·「서(書)」·「수(數)」의 기예(技藝)이다.

「예(禮)」는 사회생활을 하는데 필요한 예절이다. 상(喪)을 당하였을 때는 상에 필요한 예를 알아야하고, 군대에서는 군대에 필요한 예절, 외교 사절단을 맞이할 때는 그에 맞는 적절한 예절이 필요하다. 뿐만 아니라 일상생활에서 사람과 사람 사이의 일반적인 예의도 배워야 한다.

「악(樂)」은 음악(音樂)이다. 악기를 연주할 줄 알아야 하며, 노래를 부를 줄 알아야 하며 무도(舞蹈)에도 일가견이 있어야 한다.

공자는 거문고의 대가이였고, 순(舜) 임금의 음악 소(韶)를 진선미를 갖춘 음악이라고 평가를 내렸고,(106) 이 음악을 듣고 도취되어 삼개월 동안 고기 맛을 몰랐다고 했다.(107)

「사(射)」는 활 쏘는 기술이다. 군자에게는 다툼이란 없다. 있다면 오직 활쏘기이다. 활쏘기 할 때도 반드시 예절을 갖춘다. 먼저 읍을 하여 예의를 표하고 올라가서 활을 쏘고, 쏘고 난 다음 읍을 하고 내려와 술을 마시는 예가 필요하다.(108) 군자는 이를 통하여 심신을 수양하였다.

「어(御)」는 마차를 모는 기술이다. 「御()」자는 「어(馭, )」자와 같은 자로 '말을 몰다'는 뜻이다. 갑골문은 「어(御)」자를 「」로 쓰고 금문은 「」으로 쓰는데, 사람이 채찍을 들고서 말을 몰아 길을 가는 의미이다.

공자는 수레를 잘 몰았다. 열국을 떠돌 때도 공자가 직접 운전하는 경우가 많았다.

「서(書)」는 글씨를 아는 것이다. 「수(數)」는 계산하는 방법이다. 셈을 할 줄 알아야 사회생활을 할 수 있다.

공자는 제자들에게 이러한 기본적인 기예를 가르켰다. 학생이 만약에 배우고자 하는 진실된 열망이 없으면 아예 학생으로 받아들이지도 않았다.

두 번째 「불비불발(不悱不發)」의 단계는 배워서 어느 정도 아는 단계이다. 스승의 말씀을 듣고 뭔가 알 것도 같은데, 그렇다고 해서 일가견을 이룰 만큼 아직은 확실하게 알지 못한다. 머리 속에서만 맴돌고, 남에게 확실하게 설명을 해 주지 못하는 단계다.

「불비불발」은 아는 것 같지만 말로 표현해 내지 못하고, 문제를 해결하지 못하여 괴로워하는 모습을 보이지 않으면, 실마리를 제공해 주지 않겠다는 것이다.

「비(悱)」는 알고 있으면서도 설명해 내지 못하는 것으로 설익은 과일과 같다. 확실히 알지 못하기 때문에 다른 사람의 질문에 답할 수 없다. 아직은 배운 내용을 자유자재로 응용할 수 없기 때문이다.

「발(發)」은 실마리를 제공하여 깨우쳐 주는 것으로 일침이다. 무릎을 칠 수 있는 일침이다. 일침도 애타는 괴로움이 있어야 혈을 볼 수 있다.

셋째는 응용의 단계이다. 하나를 알면 이를 응용하여 다른 것들을 추론해 내야 한다. 배운 지식들을 완전히 내 몸에 새겨 자연스럽게 행동에 융합되어 발산되는 것이다.

날아가는 새를 보고 나는 상상을 했기 때문에 결국 우리는 지금 하늘을 날 수 있는 것이고, 물속을 자유자재로 헤엄치는 고래를 상상했기 때문에 지금은 잠수함을 타고 고래보다 오랫동안 물속에 있을 수 있는 것이다.

과학과 문명은 모두 상상의 결과물이다. 문학도 마찬가지다. 18세기 영국의 J. 에디슨의 상상력도 현실에서 체험하는 현상이나 실제의 부족한 것들을 보다 새롭고 완전하게 할 수 있는 능력이었다. 상상의 효과는 체험이 우리의 의식 속에 남아 있을 때는 그것을 이미지로 나타낼 수 있고, 감각의 대상이 없을 때는 여러 가지 체험한 감각들을 종합하여 새로운 이미지로 만들 수 있는 것이다.

낭만주의 문학은 문학의 개인성, 주관성을 강조하고 주관적인 감성의 지배를 중시하였으며, 개인의 독특한 감정을 중요한 표현방식으로 삼았다. 또한 이 때 개인의 주관적 표현은 구체적으로 개인의 상상력에 의존하며, 상상력을 이성에 대치되는 능력이자 이성을 초월하여 실재를 드러낼 수 있는 능력으로 보았다. 낭만주의자들은 이성을 통해 이루지 못했던 실재의 발견을 상상을 통해 가능하다고 생각했다. 이 세계의 사물은 모두 무의미한 것들이 아니라, 직관을 통해 본질을 통찰할 수 있는 초월적인 세계의 상징들이다. 따라서 절대적 실제의 발견은 이성의 힘보다도 직관과 영감을 통한 상상으로 가능한 것이다.

인간의 내면 깊숙이 잠재된 의식의 표출은 시인의 자유로운 영감의 발현과 같은 것이다. 시인의 생명은 영감이다.

『논어』에 「거일반삼(擧一反三)」과 같은 뜻으로 「문일지십(聞一知十)」이란 말이 있다. 하나를 들으면 열을 안다는 뜻으로 안연(안회)을 두고 하는 말이다.(109)

우리의 현실은 하나를 들으면 열을 아는 안회와 같은 군자와 천재만이 필요한 것은 아니지만, 우리는 모두 무한한 상상력과 추리력을 가지고 있다. 「擧一反三」은 하나를 보고 다른 것을 상상하는 것이다.

인용 원문

(105)

공자가 말하였다.

"배우고 싶어하는 열분(熱憤)이 없으면 계도하지 않을 것이며, 말로 표현할 줄 몰라 애태우지 않으면 말해주지 않을 것이고, 하나를 거론하였는데 셋을 미루어 짐작하지 않으면 다시 가르치지 않겠다."

子曰:

"不憤不啓, 不悱不發, 擧一隅不以三隅反, 則不復也."(《論語·述而》07.08)

(106)

공자가 소 음악을 평하였다. 아름다움의 극치이며, 선의 극치이다. 무왕의 음악은 아름다움의 극치이나 선의 극치는 아니다.

子謂《韶》:

"盡美矣, 又盡善也."

謂《武》:

"盡美矣, 未盡善也."(《論語·八佾》03.25)

(107)

공자가 제나라에 있을 때, 소 음악을 듣고 삼개월 동안 고기 맛을 몰랐다.

공자가 말하였다.

“음악이라는 것이 이러한 경지에 이르는 것인 줄 생각하지 못했다.”

子在齊聞《韶》, 三月不知肉味, 曰: 圖爲樂之至于斯也.”(《論語 · 述而》07.14)

(108)

공자가 말하였다.

“군자는 다투지 않고, 반드시 활쏘기로 경쟁을 한다. 읍의 예절을 갖추고 올라가며, 내려와서는 술을 마신다. 이 다툼이 군자다운 모습이다.”

子曰:

“君子無所爭, 必也射乎！揖讓而升, 下而飮, 其爭也君子.”(《論語 · 八佾》03.07)

(109)

공자가 자공에게 물었다.

“너와 안회는 누가 더 나은가?”

자공이 말하였다.

“제가 어찌 감히 안회를 우러러 보겠습니까? 회는 하나를 들으면 열을 알지만 저는 하나를 들으면 둘을 알 따름입니다.”

공자가 말하였다.

“그렇다. 너나 나나 모두 안회보다 못하다.”

子謂子貢曰: "女與回也孰愈?"

對曰: "賜也何敢望回? 回也聞一以知十, 賜也聞一以知二."

子曰: "弗如也. 吾與女弗如也."(《論語·公冶長》05.09)

13. 겪어봐야 안다

松柏後凋 송백후조

엄동설한이 되어야 소나무의 푸르름을 안다

「송백후조(松柏後凋)」는 소나무와 측백나무의 잎이 늦게 떨어진다는 뜻이다. 「송(松)」은 '소나무'이고, 「백(柏)」은 '측백'이다. 「조(凋)」는 잎이 시드는 것이다.

어려운 일을 겪어 봐야 그 사람의 됨됨이를 아는 것이다.

공자는 날씨가 추워지고 나서야 소나무와 측백나무가 뒤늦게 시드는 것을 알 수 있다 하였다.(110)

소나무는 군자의 나무이다. 김정희의 세한도(歲寒圖)는 소나무를 통해 군자를 표현했고(111), 조맹견(趙孟堅)의 「세한삼우도 (歲寒三友圖)」는 군자를 소나무, 대나무, 매화에 비유하였다.

세한삼우(歲寒三友)는 세한에도 변치하는 송(松), 죽(竹), 매(梅)를 가리킨다. 이들은 군자의 나무이고, 고상한 인격의 상징이고, 충정(忠貞)의 상징이다.

김정희(金正喜) 세한도(歲寒圖)

평상시는 누구나 좋은 이웃이고 친구이다. 그러나 누군가 어려운 일이 생겨 도움을 청하면 자신의 일처럼 돕고 나서기란 쉬운 일이 아니다.

순자(筍子) 역시 군자를 소나무와 측백나무에 비교하여 춥지 않으면 이들의 절개를 모르고, 군자란 하루도 올바른 도에서 벗어나는 법이 없는 것인데, 어려운 일이 부딪쳐 봐야 군자를 알아 볼 수 있다고 하였다.(112)

주희(朱熹)는 궁해봐야 그 사람의 절개를 알 수 있고, 난세 때 충신을 알 수 있다고 했다.(113) 기쁨을 같이 나누고, 슬픔을 함께하는 몇몇의 진정한 벗이 있다는 것은 행복한 일이다.

공자는 사귀어서 득이 되는 벗 셋이 있고, 해가 되는 벗 셋이 있다 하였다.(114) 유익한 벗 셋을 익자삼우(益者三友)라 한다.

첫째는 정직(直)한 벗을 사귀는 것이다. 직(直)은 행실이 바르고 곧은 사람을 가리킨다. 어떤 어려움이 닥쳐도 변치않는 송백(松柏)과 같은 마음을 지닌 사람이다.

둘째는 진솔(諒)한 벗을 사귀는 것이다. 「양(諒)」은 '믿음이 있는 진솔한 친구'이다. 「양(諒)」자는 편방이 「言」이다. 언행에 믿음이 가면서 거짓말을 하지 않는 사람을 말한다.

셋째는 학식이 있는 친구를 사귀는 것이다. 「다문(多聞)」은 들은 바가 많은 공부를 열심히 하는 벗이다.

증자(曾子)는 좋은 벗이 되기 위하여 하루에 세 가지를 반성하였다. 일은 충직하게 했는가(「충(忠)」), 친구에게 믿음을 주었는가(「신(信)」), 공부를 열심히 하였는가(「습(習)」)이다.(115)

「충(忠)」자는 마음(心)에 중심(中)을 잡는 것이다. 어떤 것에도 치우치지 않는 중용(中庸)이고, 변치않는 마음이다. 정직한 마음이다. 공자의 도를 한마디로 축약한다면 「충(忠)」과 「서(恕)」라 하였다.(116) 「서(恕)」는 마음(「心」)이 상대방과 같아지는(「如」) 마음, 즉 용서하는 마음이다.

사귀어서 손해가 되는 벗 셋을 「손자삼우(損者三友)」라 한다.

첫째는 한쪽으로 치우쳐 공정하지 못한 「편벽(便辟)」한 친구를 사귀는 것이다. 군자는 끼리끼리 패거리로 편당하지 않고,(117) 남과 갈등하지 않고 조화를 이루지만 남의 의견에 무조건 따르지는 않는다. 그러나 소인은 이익만을 추구하기 때문에 이익이 있는 곳이면 항상 뜻을 같이 하려 하지만, 이익이 되지 않으면 갈등하고 화합을 하지 못하는 것이다.(118)

둘째는 겉으로는 친절하고 부드러우나 실질적으로 성의가 없는 「선유(善柔)」한 벗을 사귀는 것이다. 「선유(善柔)」의 「선」은 '매우'·'잘', 「柔」는 '부드럽다'·'따르다'의 뜻으로, 주관 없이 너무 부드럽게 남을 잘 따르는 것을 말한다.

셋째는 아첨을 잘하고 말은 잘하나 실속이 없는 「편녕(便佞)」한 벗을 사귀는 것이다. 「편녕(便佞)」의 「편(便)」은 '익숙하게 잘하다'이고, 「영(佞)」은 '아첨하다'는 뜻이다.

말은 어눌하여 잘하지 못하지만, 행동은 민첩하게 하여야한다.(119) 말은 청산유수처럼 잘 하지만 행동이 전혀 받혀주지 않는 사람들이 많다. 이러한 사람은 익우(益友)가 될 수 없다. 말만 번지르르하게 하는 사람 중에 인(人)한 사람은 없다했다.(120)

『명심보감(明心寶鑑)』은 술이나 음식을 먹을 때는 형이니 아우니 하고 친하게 지냈던 친구가 천명이나 되어도, 위급한 환난을 당했

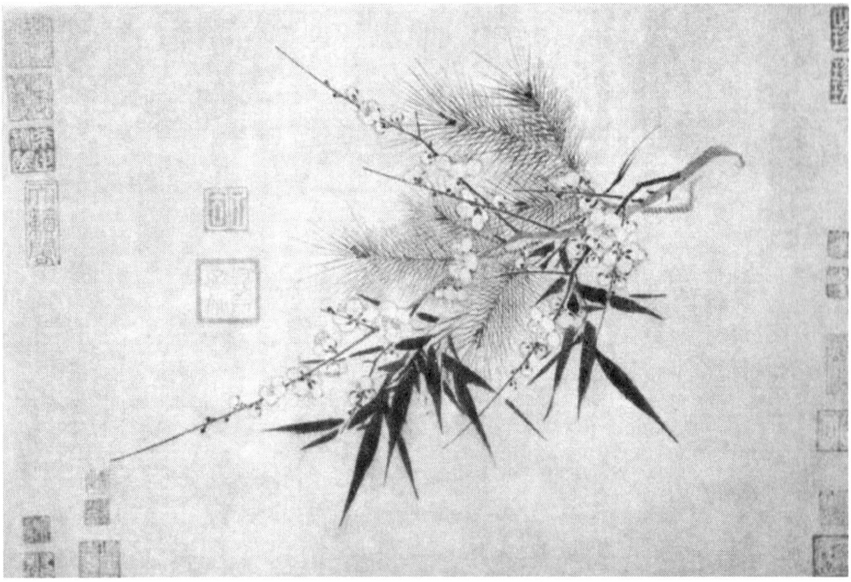

송(宋) 조맹견(趙孟堅) 《세한삼우도(歲寒三友圖)》

을 때 도와주는 친구를 한 사람 구하기도 힘들다고 했다.(121)

그럼 나는 변함없는 친구인가? 유익한 벗인가?

중국 남북조 시대 시인 범운(範雲, 451~503)은 《영한송시(詠寒松詩)》에서 "수려한 나뭇가지 겹겹의 은하수를 닦아내고, 촘촘한 잎사귀 천지를 가리우네. 매서운 바람에 굳은 절개 알 수 있고, 눈덮인 소나무 곧은 마음 알겠네"라 하여 높은 산에 우뚝 솟은 소나무의 고고한 모습과 절개를 노래하였다.(122)

고고한 인격자 군자는 「진성(真诚)」·「정직(正直)」·「무사(無私)」·「충용(忠勇)」·「지혜(智慧)」·「선량(善良)」·「자비(慈悲)」·「관용(宽容)」·「인내(忍耐)」의 품성을 지니고 있다. 소나무 역시 이러한 군자의 형상이다.

공자의 행실의 표준인 온·양·겸·공·양(温·良·謙·恭·讓)을 지니고 있다.(123)

명대(明代) 왕양명(王陽明, 王守仁)은 세한삼우(歲寒三友) 중 '竹'을 네 가지 면에서 군자와 같다 하였다. 줄기 가운데가 비어있고 움직이지 않는 것은 그의 본질이 소통가능하고 정온함(德)이고, 모양이 곧고 사철 내내 푸른 것은 위엄과 성실성의 지구력(操)을 갖추고 있고, 날씨에 반응하고 어떤 기후에나 어울리는 것은 때에 적절한 유연성(時)이다. 바람이 불면 대나무는 조화롭게 소리를 내고 마치 대유(大儒)들이 모인 듯 함께 바람에 흔들리지만, 바람이 자면 머리에 관을 쓰고 양손에 명패를 든 채 대궐의 양측에서 기다리는 여왕의 시녀들처럼 꼿꼿한 자세로 똑바로 서있으니 이는 거동의 두 측면(容)을 지니고 있다 하였다.

그래서 왕양명은 군자를 상징하는 대나무 앞에서 7일 동안 앉아 '격물치지'(格物致知)의 진리를 깨닫고자 하였다. 결국은 병을 얻어 단념하고 말았지만, 이는 '지행합일'(知行合一)이라는 학설을 주장하게 된 일련의 수련과정이기도 하였다.

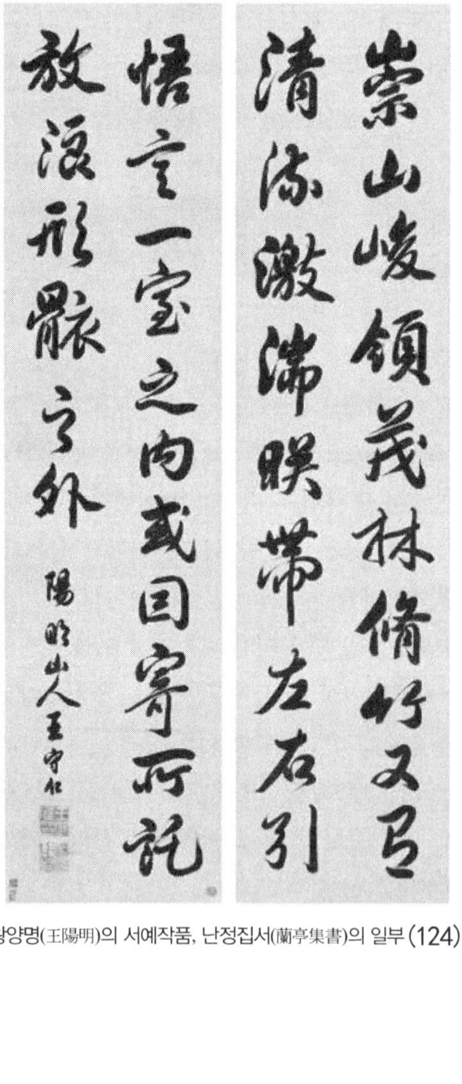

왕양명(王陽明)의 서예작품, 난정집서(蘭亭集書)의 일부 (124)

인용 원문

(110)

공자가 말하였다.

"해가 추워진 연후에야 소나무와 측백나무가 뒤에 시드는 것을 알 수 있다."

子曰: "歲寒, 然後知松柏之後凋也." 《論語 · 子罕》09.28)

(111)

세한도(歲寒圖)는 김정희가 1844년(현종 10년) 제자 이상적의 의리에 보답하기 위해 그려준 그림이다. '歲寒然後, 知松柏之後凋'를 주제로 삼아 겨울 추위 속에 소나무가 청청하게 서 있는 모습을 담았다. 황한(荒寒)과 적막(寂寞) 속에 네 그루의 소나무가 고고하게 서 있고, 그 사이에 초옥 한 채가 인적 없이 들어 앉아 있다. 텅 빈 공간은 쓸쓸함과 비움의 미학이며 작자의 심정이기도 하다.

(112)

세한이 되지 않으면 송백의 절개를 알 수 없고, 어려운 일이 없으면 군자가 하루도 올바른 도에서 벗어나지 않고 있음을 보지 못하는 것이다.

"歲不寒無以知松柏, 難無以見君子無日不在是." 《荀子 · 大略》)

(113)
선비가 궁해져야 절개를 볼 수 있고, 난세가 되어야 충신임을 알 수 있다.

"士窮見節義, 世亂認忠臣."(朱熹《論語集注》)

(114)
공자가 말하였다.
"유익한 벗 셋이 있고 해가 되는 벗 셋이 있다.
정직한 벗을 사귀고, 믿음이 있는 벗을 사귀고, 견문이 있는 벗을 사귀면 이롭다. 편벽적인 사람을 사귀고, 너무 부드러운 사람을 사귀고, 아첨을 잘 하는 친구를 사귀면 해가 된다."

孔子曰: "益者三友, 損者三友.
友直, 友諒, 友多聞, 益矣.
友便辟, 友善柔, 友便佞, 損矣." (《論語 · 季氏》16.04)

(115)
증자가 말하였다.
"나는 날마다 내 자신을 세 가지 방면에서 반성하였다. 다른 사람의 일을 하는데 진실되지 않았는가? 벗과 사귐에 진솔하지 않았는가? 전수받은 것을 익히지 않았는가?"

曾子曰:

"吾日三省吾身. 爲人謀而不忠乎? 與朋友交而不信乎? 傳不習乎?" (《論語 · 學而》01.04)

(116)

공자가 말하였다.

"참(증자)아, 나의 도는 하나로 꿰뚫을 수 있다."

"예 그렇습니다." 증자가 재빨리 대답하였다.

공자께서 나가시자 문인들이 물었다. "무슨 말씀입니까?"

증자가 말하였다. "스승의 도는 忠과 恕일 뿐이다."

子曰: "参乎, 吾道一以貫之."

曾子曰: "唯."

子出, 門人問曰: "何謂也?"

曾子曰: "夫子之道, 忠恕而已矣." (《論語 · 里仁》04.15)

(117)

(司敗가 巫馬期에게 읍하고 나아가) 물었다.

"군자는 편당하지 않는다고 들었는데, 군자도 편당합니까?".

曰: "吾聞君子不黨, 君子亦黨乎? " (《論語 · 述而》07.31)

(118)

공자가 말하였다.

"군자는 남과 갈등하지 않고 화합을 하되 남과 똑같이 행동하지는 않으며, 소인은 이익을 같이 하는 사람끼리 뜻을 같이하나 조화를 이루지 못한다."

子曰: "君子和而不同, 小人同而不和." (《論語 · 子路》13.23)

(119)

공자가 말하였다.

"군자는 말은 어눌하지만 행동은 민첩하게 하고자 한다."

子曰: "君子欲訥於言而敏於行." (《論語 · 里仁》04.24)

(120)

공자가 말하였다.

"말을 교묘하게 하고 얼굴 색을 꾸미는 자 중에 인한 자는 드물다."

子曰: "巧言令色, 鮮矣仁." (《論語 · 學而》17.17)

(121)

"술이나 음식을 먹을 때는 형이니 아우니 하는 친구가 천명이나 되나, 위급한 환난을 당했을 때는 한 사람 구하기도 힘들다."

"酒食弟兄千個有, 急難之時一個無." (《明心寶鑑》)

(122)

《詠寒松詩》(範雲, 451~503)

修條拂層漢,	수려한 나뭇가지 겹겹의 은하수를 닦아내고,
密葉障天潯.	촘촘한 잎사귀 천지를 가리우네.
凌風知勁節,	매서운 바람에 굳은 절개 알 수 있고,
負雪見貞心.	눈 덮인 소나무 곧은 마음 알겠네.

(123)
자공이 말하였다.
"선생님께서는 온화하고, 선량하고, 공손하고, 검약하고, 겸양함으로써 얻으신 것이니 다른 사람이 구하는 것과 다릅니다."

子貢曰: "夫子溫·良·恭·儉·讓以得之. 夫子之求之也, 其諸異乎人之求之與?" (≪論語·學而≫01.10)

(124)
이곳에는 높은 산과 큰 고개 그리고 무성한 숲과 긴 대나무가 있고, 맑게 흐르는 물과 급류가 있어 좌우 경치를 비춰준다.
(흐르는 물을 끌어 들여 구불구불한 작은 도랑을 만들어 흐르는 물에 잔을 띄우고 모두 순서대로 앉았다. 거문고와 퉁소의 성대함은 없지만 한 잔 술에 시 한 수를 읊으니 마음 속 그윽한 정 나타내기 족하다. 오늘은 날씨가 맑고 공기가 신선한데 바람도 화창하게 불어 마음이 상쾌하다. 고개 들어 넓고 넓은 하늘을 바라보고 고개 숙여 모든 만물이 번성하는 것을 살펴본다. 아름다운 것을 두루 살펴보니 마음이 확 트인다. 눈과 귀로 마음껏 보고 들을 수 있으니 참으로 즐거운 일이도다. 무릇 사람이 한 시대를 함께 떠돌며 마음에 품은 바를 가지고.)
실내에서 이야기도 하고 혹은 마음이 향하는 곳에 몰두하여 정신계에서 노닐기도 한다.

"崇山峻嶺, 茂林修竹, 又有清流激湍, 映带左右, 引(以为流觞曲水, 列坐其次. 虽無丝竹管弦之盛, 一觞一咏, 亦足以畅叙幽情.

是日也, 天朗氣清, 惠风和畅. 仰观宇宙之大, 俯察品类之盛, 所以游目骋懷, 足以极视聽之娱, 信可乐也. 夫人之相與, 俯仰一世. 或取诸懷抱), 悟言一室之内, 或因寄所托, 放浪形骸之外."
(王羲之, ≪蘭亭集序≫)

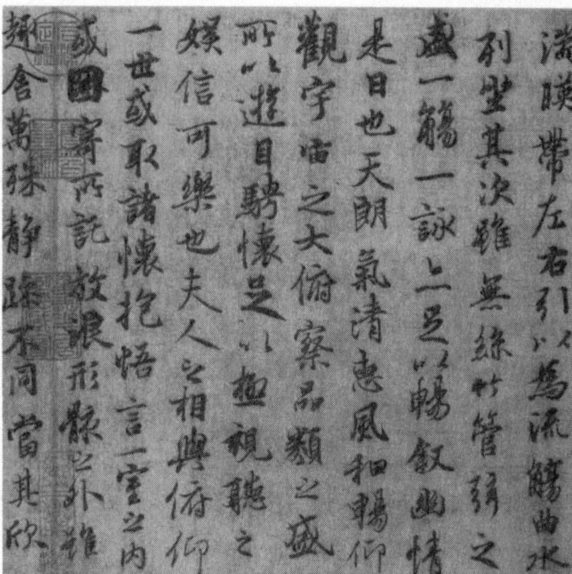

≪신용본난정집서(神龍本蘭亭集序)≫

14. 입장 바꿔 생각하라

勿施於人 물시어인

내가 하기 싫은 일은 남에게도 시키지 마라

「기소물욕(己所不欲)」이면, 「물시어인(勿施於人)」하라는 말은 '내가 바라지 않는 것은 남에게도 바라지 말라'는 것이다.

『논어』는 특히 「충(忠)」과 「서(恕)」를 강조하였다. 충과 서는 모두 인(仁)의 실천이다.

「물시어인」은 남을 배려하는 마음 「서(恕)」이다. 「서(恕)」자는 편방 「심(心)」과 「여(如)」로 이루어진 자이다. 「여(如)」는 '같다'라는 뜻이다. 따라서 「서」는 남과 같아지려는 마음이다.

자공이 일생동안 가슴 속에 새기고 실천해야 할 일을 한 마디로 말씀해 주시라고 하자, 공자는 「서(恕)」 한 자로 요약할 수 있고, 이를 풀어서 말하면 내가 원하지 않는 바는 남에게도 바라지 않는 것이라 하였다.(125)

중궁(仲弓) 염(冉)이 인(仁)에 대하여 묻자, 공자는 밖에 나가서 사람을 만나면 큰 손님을 대하듯 정중하게 대하고, 백성을 부릴 때에는 큰 제사를 대하듯 정중히 하고, 자신이 원하지 않는 바는 다른 사람에게 요구하지 않는 것이며, 또한 나라 사람들이 원망

하지 않도록 하고, 집안사람들도 원망하지 않도록 하는 것이다했다.(126)

정치를 하는 위정자가 가장 먼저 갖추어야 할 것도 백성을 사랑하는 마음이다. 사람에 대한 연민, 백성에 대한 연민, 상대의 입장에서 생각해 보는 '恕'가 필요하다.

사람은 매우 이기적인 동물이다. 내가 아니면 안되고 내가 하는 일은 옳고, 다른 사람의 일은 부당하니 당연히 비난을 받아야 한다고 생각한다. 지금은 옛날보다 문화의 수준이 높아졌고 교육을 더 받았으니, 더 예의 바르고 더욱 남을 배려하는 지혜로운 사회가 되었어야 마땅하다. 그런데 이와는 반대로, 문명이 발달하면 할수록 사람들은 더욱 개인적이고 이기적으로 변해간다. 그럼에도 이를 합리주의로 포장하기 때문에, 사람들은 이것이 가장 과학적이며 현대 생활에 맞는 가장 실질적인 방법인 줄 안다. 갈수록 정이 없고 사랑이 없고 '인(仁)'이 없다.

'인'은 사람을 사랑하는 것이고, '지혜'란 사람을 제대로 인식하는 것이다.(127)

부모님에게 용돈만 드리고 나서 효도했다고 생각해서는 안된다.

공자는 부모님 모시기를 물리적으로 하는 것만 효인 줄 아는 사람들에게, 개와 말도 자기 새끼 키울 줄은 안다며, 존경하는 마음이 없다면 개와 말과 다를 게 없다고 했다.(128)

『논어』는 마음의 정을 가르치는 지혜서이다.

버스나 지하철에서 나이 드신 분을 보면 자리를 양보하는 것이 당연했던 시대가 있었다. 우리는 지금 노약석이라는 공간을 만들어 놓고 귀찮은 고민을 깨끗이 해결하였다. 좀 과장해서 말한다면, 자리를 마련해 주었으니 앉던 말던 그건 우리가 알 바가 아니라는 것이다. 어쩌면 당신네들이 알아서 나이를 물어 서열을 정해서 앉고, 우리가 있는 쪽으로 와서 귀찮게만 하지 않으면 된다는 발상에서 시작되었는지도 모른다.

점점 우리 뇌리에서 양보라는 배려가 사라져 가고 있다. 오토바이를 타고 음식물을 배달하는 배달원 중에는, 헬멧도 쓰지 않고 신호도 지키지 않고 굉음을 내며 빠르게 질주하는 경우가 많다. 운전 중 차 창 밖으로 담배 꽁초를 버리는 운전자도 많다. 신호를 지키지 않고, 방향등도 켜지 않고 무작정 끼어드는 운전자도 많다. 주차를 할 때도 자기 편리한대로만 한다.

나는 다른 사람들을 불편하게 한 적은 없는가? 나는 성인군자인가? 나는 이 사회에서 꼭 필요한 사람인가? 한번쯤은 반문해 볼 필요가 있다.

내 자신에게는 엄격하게, 다른 사람에게는 가볍게 요구하면, 원망하는 마음은 없어진다고 했다.(129) 그래서 『논어』는 잘못이 있으면 내 탓이지, 남을 탓하지 않는다고 했다.(130) 그러나 이를 실천하기란 참 어려운 일이다.

자공이 남이 나에게 하는 것이 싫으면 나도 남에게 요구하지 않겠다 하자, 공자는 이는 네 능력 밖의 일이다고 했다.(131) '입장 바꿔 생각하는 것'은 참으로 어려운 일인가 보다. 공자의 제자들도 실천하기 어려운 일을, 하물며 우리 같은 일반인이 실천하기는 얼마나 어렵겠는가?

『여씨춘추(呂氏春秋)』에서는 나라를 다스리고, 인재를 구할 때도 '마음의 정'으로 하여야 한다고 했다.

다른 사람을 문책할 때는 인정으로 하고, 자신을 반성할 때는 의리(義理)로 해야 한다. 인정으로 해야 쉽게 사람을 얻을 수 있고, 의리에 따라 자신을 반성하여야 잘못을 저지르지 않고 행실이 바로잡히는 것이다.(132)

공자(孔子)의 육십칠대손(六十七代孫)인 연성공(衍聖公)
공육기(孔毓圻, 1657—1723)가 거주했던 공부(孔府)의 충서당(忠恕堂)

인용 원문

(125)

자공이 물었다.

"한 마디 말로써 종신토록 행할 만한 것이 있습니까?"

공자가 말하였다.

"그것은 '恕'이다. 자기가 하기 싫은 것은 남에게 요구하지 않는 것이다."

子貢問曰: "有一言而可以終身行之者乎?"

子曰: "其恕乎! 己所不欲, 勿施於人." (《論語·衛靈公》15.24)

(126)

중궁이 인에 대하여 묻자, 공자가 말하였다.

"문을 나서면 큰 손님을 맞이하듯 하고, 백성에게 일을 시킬 때에는 큰 제사를 받들 듯 하고, 내가 원하지 않는 바는 남에게 시키지 말아야하는 것이다. 또한 나라 사람들이 원망하지 않도록 하여야 하며, 집안사람이 원망하지 않도록 하는 것이다.

仲弓問仁, 子曰: "出門如見大賓, 使民如承大祭. 己所不欲, 勿施於人. 在邦無怨, 在家無怨." (《論語·顔淵》12.02)

(127)

번지가 인에 대하여 묻자, 공자가 말하였다.

"사람을 사랑하는 것이다."

지혜에 대하여 물었다.

"사람을 알아보는 것이다."

樊遲問仁. 子曰: "愛人."

問知, 子曰: "知人." (《論語·顔淵》12.22)

(128)

자유가 공자에게 효에 대하여 물었다.

공자가 말하였다.

"지금의 효는 부모님을 모시는 것을 효라고 한다. 개와 말 역시 자기 자식 키울 줄 아는 것이다. 모시기만 하고 존경하는 마음이 없다면 개와 말과 다를 게 있는가?"

子游問孝, 子曰: "今之孝者, 是謂能養. 至於犬馬, 皆能有養, 不敬, 何以別乎?" (《論語·爲政》02.07)

(129)

공자가 말하였다.

"자책하기를 두터이 하고 남에게 요구하기를 가벼이 하면 원망을 멀리할 수 있다."

子曰: "躬自厚而薄責於人, 則遠怨矣." (《論語·衛靈公》15.15)

(130)

공자가 말하였다.

"군자는 자기에게서 구하고, 소인은 남에게서 구한다."

子曰: "君子求諸己, 小人求諸人."(《論語·衛靈公》15.21)

(131)

자공이 말하였다.

"남이 나에게 가하는 것이 싫은 것은 나도 남에게 요구하지 않겠습니다."

공자가 말하였다.

"자공(賜)아! 이는 네가 미칠 바가 아니다."

子貢曰: "我不欲人之加諸我也, 吾亦欲無加諸人."

子曰: "賜也. 非以所及也."(《論語·公冶長》5.12)

(132)

군자는 다른 사람을 문책할 때 인정을 가지고 하며, 자신을 문책할 때는 의리로 한다. 다른 사람을 인정을 가지고 문책한다면 쉽게 만족할 수 있고, 쉽게 만족할 수 있으면 사람을 얻을 수 있다. 스스로 의리를 가지고 문책한다면 잘못을 저지르기 어렵고 잘못을 저지르기 어려우면 행실이 바로 잡힌다.

"故君子責人則以仁, 自責則以義. 責人以仁則易足, 易足則得人, 自責以義則難爲非, 難爲非則行飭"(《呂氏春秋·擧難》)

15. 스승을 존경하라

仰之彌高 앙지미고

스승은 우러러 보면 볼수록 더욱 존경스러운 대상이다

「앙지미고(仰之彌高)」는 '우러러 볼수록 더욱 높게 보인다'는 뜻으로 안회(顔回, 顔淵)가 스승 공자를 두고 한 말이다.

「仰(우러를 앙)」은 '우러러보다'의 뜻이고, 「彌(두루 미)」는 '더욱 더'라는 부사적 의미이다. 인격적으로나 학문적으로 높은 경지를 지니고 있어 존경할 만한 사람을 일컫는다.

안연은 공자의 높은 성인의 경지에 감탄하고 스승처럼 되고자 열심히 노력하였다.

안연에게 있어 스승 공자는 우러러 볼수록 더욱 높은 존재였다. 도대체 어떤 분인가 꿰뚫어 분석하고자 하면 할수록 더욱 단단해지고 견고해 지는 것 같은 스승이었다. 또 앞에 서 있는 것 같았는데 신출귀몰하듯 어느새 뒤에 있어 종잡을 수가 없었고, 가르칠 때는 부드럽게 잘 인도해 주었다. 학문적으로는 지식을 넓혀주고, 예(禮)로써 행동거지를 바르게 해 주니 포기하고 그만 둘까 싶어도 그만 둘 수 없게 만들었다. 일생동안 있는 재주 다하여 이제 혼자서 능히 설수 있다고 생각했는데, 스승을 따르고자할 때

는 여전히 어디서 어떻게 해야 할 줄 몰랐다.(133)

얼마나 아름다운 이야기인가? 교단에 서는 선생이 얼마나 듣고 싶어하는 부러운 말인가. 공자를 「사표(師表)」라 한다. 세상 모든 사람으로부터 존경을 받고 귀감이 되는 스승이다.

남에게 묻는 겸손한 습관 때문에 오히려 남에게 비아냥 거리는 말을 듣기도 하고, 상갓집 개 같다고 놀림도 받았지만,(134) 적어도 유교권에서만은 지금까지도 여전히 최고의 성인이다. 공자도 때어날 때부터 모든 것을 알고 태어난 사람은 아니다. 다만 우리보다 부지런하고 열심히 힘써 배운 결과이다.(135)

비록 우리는 안연처럼 공자를 우러러 볼만한 수준에도 미치지 못하지만, 훌륭한 스승이 되고자 하는 목표는 가질 수 있다. 우리가 공자에게 부러운 건 높은 성인의 경지보다 많은 제자들이 있었다는 것이다. 스승에게 있어 가장 큰 복은 믿고 따르는 제자가 많은 것이라 하였다. 스승을 무조건 따르라는 것이 아니다. 안회 역시 예스맨만은 아니었다.

공자는 안연이 한 번도 말을 어긴 적이 없고 너무나 착실하여 바보가 아닌가 의심하였다. 그래서 몰래 사생활이 어떤가 살펴보았던 모양이다. 어긋남이 없이 꼼꼼이 배웠던 내용을 그대로 실천하는 것을 보고 그때서야 예스맨이 아니라는 것을 알았다.(136)

맹자는 군자에게 세 가지 기쁨이 있는데, 그것은 임금님과 같은 높은 자리에 앉는 것이 아니라고 하였다.

부모님이 생존해 계시고, 형제들 다 편안한 것이 첫 번째 기쁨이라 했다. 이보다 더 큰 기쁨이 어디 있겠는가.

하늘을 우러러 부끄럽지 않게 사는 것이 두 번째 기쁨이다. 부끄러움이 없으니 얼마나 떳떳하고 편안하겠는가.

세 번째는 훌륭한 제자를 가르치는 것이다.(137)

학생을 가르친다는 것은 매우 값진 일이고 즐거운 일이다. 스승은 스승답게 되기 위하여 부단한 노력을 해야 한다. 지식과 지혜도 중요하지만, 언행 역시 항상 단정하고 타의 모범이 되어야 한다. 이에 못지않게 학생의 태도 역시 중요하다.

스승이 「앙지미고(仰之彌高)」, 바라볼수록 가장 훌륭한 분이라는 것을 알아야 한다.

요즘 학교는 교육의 장으로써의 제 역할을 충분히 하지 못하고 있다. 가장 큰 원인은 학생이 선생을 존경하지 않기 때문이다. 선생이 아무리 못나보여도 학생보다는 낫다. 선생은 학생보다 먼저 그 길을 갔기 때문이다. 선생의 경험만 들어도 힘든 세상 버텨내는 데 좋은 길잡이가 될 수 있다.

공자는 제자에게 공부, 행위, 참마음, 믿음, 네 가지를 가르쳤다.(138) 학교는 공부, 학식만 가르치는 곳은 아니다. 행동거지를 배워야 하고, 참된 마음과 신뢰를 배워야 한다. 공부는 집에서도 얼마든지 혼자 할 수 있다. 학교는 공부만 하는 곳이 아니라 삶의 가치를 익히는 곳이다.

가르침을 간섭으로 여기고 충고를 잔소리로 생각하고, 규율을 자유의 억압이라 생각하면서 뭘 배우겠는가. 자녀 성적이 쑥쑥 올라가고 훌륭한 인재가 되길 원한다면, 먼저 가정, 교육기관, 정부에서 학생들로 하여금 선생을 존경하게끔 해야 한다.

선생이 학생에게 폭력을 당하고, 서로 고소·고발을 하니 이 얼마나 통곡할 일인가.

정부와 학교가 당장 나서서 적절한 조치를 취했으면 한다. 하다못해 깔끔한 글씨로 「앙지미고(仰之彌高)」라는 글을 써서 교실의 가장 잘 보이는 곳에 걸어두었으면 한다.

인용 원문

(133)

안연은 후하고 탄식하며 말하였다.

"우러러 볼수록 더욱 높아지고, 뚫을수록 더욱 견고해 지고, 쳐다보면 앞에 있는 듯 한데, 어느덧 뒤에 있다. 선생님께서는 부드럽게 남을 잘 인도해 주시어, 나를 넓혀 주시기를 문으로써 하시고, 나를 절제하시기를 예로써 하시니, 그만 두고자 해도 그만 둘 수 없네. 힘껏 내 재주 다하여 이제 능히 설 수 있다고 생각했는데도 아직도 스승을 따르고자 하나 말미암을 데가 없네."

颜淵喟然嘆曰: "仰之彌高, 鑽之彌堅, 瞻之在前, 忽焉在後. 夫子循循然善誘人, 博我以文, 約我以禮, 欲罷不能. 即竭吾才, 如有所立卓爾. 雖欲從之, 末由也已." (《論語 · 子罕》09.11)

(134)

정(鄭)나라 사람이 자공(子貢)에게 알려 주었다.

"동쪽 성문 밖에서 한 사람을 봤는데, 이마는 요임금님과 비슷하고, 목 부위는 고도(皋陶)와 같고, 어깨는 자산(子産)과 같은데, 허리 아래로는 우임금님의 삼촌(三寸)에 미치지 못하였습니다. 그런데 마치 상갓집의 개처럼 초췌하더군요."

"東門有人, 其顙似堯, 其項類皋陶, 其肩類子産, 然自要以下不及禹三寸, 累累若喪家之狗." (《史記 · 孔子世家》)

(135)
공자가 말했다.
"나는 나면서부터 알았던 사람이 아니다. 옛 것을 좋아하여 부지런히 배워서 이룬 것이다."

子曰: "我非生而知之者, 好古敏以求之者也."《論語 · 述而》7.20)

(136)
공자가 말하였다.
"내가 회와 더불어 이야기 하였는데, 종일토록 어기지 아니하여 바보인 줄 알았다. 그런데 물러나서 사생활을 살펴보니 충분히 배운 내용을 실천하고 있으니 회는 어리석은 사람이 아니었다."

子曰: "吾與回言, 終日不違, 如愚. 退而省其私, 亦足以發, 回也不愚." (《論語 · 爲政》02.09)

(137)
맹자는 말하였다.
"군자에게는 세 가지 즐거움이 있다. 천하에 왕노릇하는 것은 포함되지 않는다.
부모가 모두 생존해 계시고 형제가 무고한 것이 첫 번째 즐거움이다.
우러러 하늘에 부끄럽지 않고, 굽어 아래를 살펴보아 남에게 부끄럽지 않은 것이 두 번째이다.
천하의 영재를 얻어 교육하는 것이 세 번째 즐거움이다.
군자에게는 이 세 가지 즐거움이 있는데, 왕노릇하는 것은 포함되지 않는다."

孟子曰:

"君子有三樂, 而王天下不與存焉. 父母俱存, 兄弟無故, 一樂也.

仰不愧於天, 俯不怍於人, 二樂也.

得天下英才而教育之, 三樂也.

君子有三樂, 而王天下不與存焉."《孟子 · 盡心上》

(138)

공자는 네 가지를 가르쳤다. 文과 行과 忠과 信이었다.

"子以四教, 文行忠信."《論語 · 述而》07.25)

16. 과분하지 마라

過猶不及 과유불급

지나침은 미치지 못함과 같다

「과(過)」는 '지나치다'의 뜻이고, 「유(猶)」는 '같다'는 뜻이다.

재산도 명예도 지나치면 좋지 않다. 무엇이든 적당해야 한다.

『논어』에서는 누가 더 나은가에 대한 물음과 대답이 있다.

자공이 자장(子張, 師)와 자하(子夏, 商) 중 누가 더 나은 사람이냐고 묻자, 공자는 자장은 지나침이 있고, 자하는 미치지 못함이 있다고 했다. 그렇다면 자장이 더 낫냐고 자공이 다시 묻자, 공자는 지나친 것은 미치지 못한 것과 같다 라고 하였다.(139)

자장과 자하 모두 성인이었던 공자의 훌륭하고 현명한 제자였는데, 자장의 지나침은 무엇이고, 자하가 미치지 못한 것은 무엇인가.(140)

공자는 이 문장 뒤에서 자장을 다른 제자와 함께 평가하면서, 자장은 「辟(허물 벽)」한 사람이라 하였다.(141) 「벽(辟)」은 「편벽(便辟)」이라는 뜻이다.(142)

자장은 다른 제자들의 비평에도 아랑곳하지 않고 그 사람의 됨됨과 상관없이 여러 친구들과 교류하였다. 자장은 「존현용중(尊賢

容衆)」(143)을 주장하였고, 자장을 사람 사귀기를 좋아하는 사람이라하여 「고지선교자(古之善交者)」(144)라 부르기도 한다. 또한 매우 용맹하여 '충신(忠信)'의 모델이 되었고, 호방한 성격에 사소한 일에는 그다지 신경 쓰지 않았으며, 외관에도 신경을 쓰지 않아 의관을 정제하지 않았다 한다.

자하(子夏)는 예(禮)를 중시하여, 공자가 말한 '자기보다 못한 친구를 사귀지 않는다'는 주장을 받아들여,(145) 친구를 구별하여 사귀고, 군자는 근엄하고 엄격할 것을 주장하였다.(146) 그러니 이러한 사귐은 제한적이고 편협적일 수밖에 없었다.

이러한 내용으로 보아, 「과」와 「불급」은 성격적인 차이로, 친구를 사귀는 태도에서 둘의 차이가 잘 드러난다.

> 어느 날 자하의 문하생이 자장에게 사귀는 것에 대하여 물었다.
> "너의 스승 자하는 어떻게 이야기 하신던가?"
> "사귈 만한 사람은 사귀고 그렇지 못할 사람은 거절하라 하셨습니다."
> 자장이 말하였다.
> "내가 알기는 그렇지 않다.
> "군자는 어진 이를 존중하고 뭇 사람을 포용하며, 잘하는 이는 칭찬해주고, 못하는 이가 있으면 가벼이 여긴다고 들었다. 내가 크게 어질다면 용납하지 못할 것이 어디 있으며, 내가 어질지 못하면 남이 나를 거절할 것이다."(147)

남과 교류하는데도 분명한 구별이 있어야 할 것이다. 악한 사람을 사귀지 말고 멀리해야 할 것이다. 그렇다고 해서 자기에게 이익이 되는 친구만을 가려서 사귀는 것 또한 좋지 않다. 상대방이 가난하다고 사귀지 않고, 좋은 사람인데 우둔하다고 멀리해서도 안된다. 공자는 상황에 따라 융통성있게 가르친다. 지나치게 강한 사람에게는 약하라 하고, 약한 사람에게는 강하라 한다. 자기보다 못한 사람을 사귀지 말라는 것은 인격적으로 문제가 있는 사람과도 구별없이 사귀는 제자에 대한 충고이다.

「과유불급」은 적절해야지 지나쳐서는 안된다는 말이다. 어디에도 편벽되지 않고 지나침이 없는 것이 중용(中庸)이다.

'모자라는 것'도 좋지 않지만, '과' 역시 바람직하지 않은 욕심이다. 모든 일의 화근은 이러한 욕심에서 시작된다. 욕심이 과하여 망신을 당하는 경우를 종종 본다. 좀 더 높은 자리에 앉으려다 자신의 과오가 드러나기도 하고, 높은 자리에 앉아 있을 때, 돈에 눈이 멀어 쇠고랑을 차기도 한다.

가난과 부유의 차이는 가진 것이 아니라 마음에 있다. 부자인 사람과 비교하면 당연히 자신이 가난할 것이고, 가난한 사람과 비교하면 넘쳐날 것이다.(148)

노자(老子)는 만족하면 부유해지고 마음이 편안하면 고귀해지며, 만족하면 욕을 당하지 않고, 멈출 줄 알면 위험한 일을 당하지 않고 오래도록 자신을 돌볼 수 있다고 했다.(149)

인용 원문

(139)

자공이 물었다.

"사(자장)와 상(자하) 중 누가 더 낫습니까?"

공자가 말하였다.

"사는 지나치고, 상은 미치지 못한다."

자공이 말하였다.

"그렇다면 사가 더 낫습니까?"

공자가 말하였다.

"지나친 것은 미치지 못하는 것과 같다."

子貢問: "師與商也孰賢?"

子曰: "師也過, 商也不及."

曰: "然則師愈與?"

子曰: "過猶不及."(《論語 · 先進》11.16)

(140)

"자장은 재주있고 큰 뜻을 가진 자였으나, 구차하고 어려운 일 하기를 좋아했으므로 중도에서 벗어남이 있었고, 자하는 굳게 믿고 엄수하였지만 협소하여 항상 미치지 못하였다."

"子張才高意廣而好爲苟難, 故常過中. 子夏篤信謹守而規模狹隘, 故常不及."(朱熹≪論語集註≫)

그러나 이러한 주장은 자장과 자하의 실질적인 평가와 맞지 않기 때문에 취하지 않기로 한다.

(141)

"시(柴, 자고(子羔))는 어리석고, 증삼(曾參)은 노둔하고, 사(師, 子張)는 치우치고, 유(由, 子路)는 거칠다."

"柴也愚, 參也魯, 師也辟, 由也喭." (≪論語 · 先進≫11.18)

「喭(거칠 안 yàn, an)」자는 '거칠다'는 뜻이다.

(142)

"「벽(辟)」은 한쪽으로 치우치는 편벽의 의미이다. 용모는 잘 꾸미나 성실성이 부족함을 말한다."

"辟, 便辟也. 謂習於容止, 少誠實也." (朱熹≪論語集註≫)

(143)

「존현용중(尊賢容衆)」은 '어진이를 존경하고 뭇 사람을 포용한다'의 뜻이다.

(144)

「고지선교자(古之善交者)」는 '옛날에 친구 사귀기 좋아하는 자'라는 뜻이다.

(145)

공자가 말하였다.

"군자는 신중하지 않으면 위엄이 없고, 배우되 고루(固陋)하지 않으며, 충과 신을 중시하여 자기만 못한 자를 벗하지 말며 고치기를 꺼리지 말아야 한다."

子曰: "君子不重, 則不威, 學則不固. 主忠信. 無友不如己者, 過則勿憚改." (≪論語 · 學而≫01.08)

(146)

자하가 말하였다.

"군자는 세 가지 변하는 것이 있다. 바라보면 근엄하고, 대면하면 따뜻하고, 말을 들어 보면 엄격하다.

子夏曰: "君子有三變. 望之儼然, 即之也溫, 聽其言也厲." (≪論語 · 子張≫19.09)

(147)

자하의 문인이 자장에게 사귀는 것에 대하여 묻자 자장이 말하였다.

"당신의 스승 자하는 어떻게 말하던가."

"사귈 수 있을 만하면 사귀고, 그렇지 않으면 거절하라 하였습니다."

자장이 말하였다.

"자장은 내가 들은 바는 그렇지 않다. 군자는 어진 이를 존경하고 뭇 사람을 포용하며 잘하는 이를 좋게 여기고, 잘못하는 이를 불쌍히 여긴다. 내가 크게 어질다면 남에 대해서 무엇을 용납하지 못할 것이며, 내가 어질지 못하면 남이 곧 나를 거절할 것이니 어떻게 남을 거절하겠는가?"

子夏之門人問交於子張.

子張曰: "子夏云何?" 對曰: "子夏曰: '可者與之, 其不可者拒之.'" 子張曰: "異乎吾所聞: 君子尊賢而容衆, 嘉善而矜不能. 我之大賢與, 於人何所不容? 我之不賢與, 人將拒我, 如之何其拒人也?" (≪論語 · 子張≫19.03)

(148)

"위와 비교하면 부족하고, 아래와 비교하면 넘쳐난다."

"比上不足, 比下有餘."(중국속담)

(149)

"스스로를 이기면 강한 자이고, 만족을 아는 사람은 부유하다."

"그러므로 만족할 줄 알면 욕을 당하지 않으며, 그칠 줄 알면 위태롭지 않고 오래도록 자신을 보존할 수 있다."

"自勝者剛, 知足者富."(《老子》33章)

"故知足不辱, 知止不殆, 可以長久."(《老子》44章)

17. 신중하라

臨事而懼 임사이구

신중하고 조심스럽게 일에 임하라

「임사이구(臨事而懼)」 중의 「임(臨)」은 일에 '임하다'·'대하다'·'처리하다'의 뜻이고, 「구(懼)」는 '두려워하다'·'조심하다'의 뜻이다. 즉 신중하고 계획적으로 일을 처리하라는 것이다.

자로가 스승 공자에게 삼군을 통솔하게 된다면 누구와 함께 하겠냐고 묻자, 호랑이를 맨손으로 잡고, 황하를 맨 몸으로 건너는 무모한 자가 아니라, 「임사이구」하고 계획을 잘 도모하는 자와 함께하겠다고 하였다.(150)

일을 할 때는 신중하고 조심하고 계획적이어야 성공할 수 있다. 자신의 용맹과 힘만 믿고 만용을 부리는 자는 반드시 실패한다.

삼국지 중의 마속은 부하들의 충고를 듣지 않고 험준한 계곡에 진을 쳤다가 사마의 군사가 물을 끊고 불을 지르는 계략을 쓰자 대패하였다. 결국 마속에 그에 대한 책임을 지고 참수를 당한다. 「읍참마속(泣斬馬謖)」, 마속은 사십도 채우지 못하고 죽었다.(151)

총명한 사람이 그 총명함만을 믿고 일을 그르치는 경우가 적지 않다.

총명한 마속은 젊었을 때 발탁되어 제갈량에게 총애를 받았고, 병서에 능통했다고 스스로 자부하였다. 그런 그가 가장 기본적인 진지구축 하나를 제대로 못하여 촉나라가 패망의 길로 접어들게 되는 결정적인 계기를 제공했다.

제갈량도 책임이 크다. 유비가 마속은 재주가 세간의 평을 따라가지 못하니 중히 쓰지 말라 유언했는데, 실전경험이 부족한 마속을 중요한 가정전투의 주장으로 투입했으니, 그 결과는 당연한 것이었다.

『논어』 중에 「임사이구」와 비슷한 말로 「삼사이후행(三思而後行)」이 있다. 혹은 줄여서 「삼사이행(三思而行)」이라고 한다.

「삼사이행(三思而行)」은 공자가 계문자(季文子)의 지나친 심사숙고에, 세 번 생각하지 말고 두 번이면 된다고 평한 내용에서 유래한 말이다.(152) 계문자는 행보(行父)이고, 시호는 문(文)이다. 노나라의 문공(文公), 선공(宣公), 성공(成公), 양공(襄公) 4대에 걸쳐 재상을 지낸 훌륭한 인재였다. 계문자같이 훌륭한 사람은 세 번까지 숙고할 필요없이 두 번이면 충분하다고 해석하기도 하고, 지나치게 신중하면 오히려 우유부단해지니 두 번이면 충분하다고 계문자를 비평하는 말로 이해하기도 한다.

「삼사이행(三思而行)」은 현재는 경거망동하지 않고 심사숙고한 후 신중하게 일을 처리하다는 뜻으로 쓰인다. 「삼사이행」은 행동으로 실천하는 것만을 가리키는 것은 아니다. 짧은 한마디의 말이 사람을 죽일 수도 있고 살릴 수도 있다.

사람을 이롭게 하는 말은 따뜻하기가 솜과 같고 귀중하기가 천금과 같지만, 사람을 해치는 말은 날카롭기가 가시와 같고 사람의 가슴을 도려내는 칼과 같다.(153)

말도 삼사(三思)한 후 해야 한다. 말 한마디가 천냥 빚을 갚는다. 그렇다고 너무 말을 아껴서도 안된다. 진심어린 칭찬을 입에 달고 살아야 한다. 아부와 칭찬은 분명히 다르다. 칭찬은 진실이 담긴 그 사람에 대한 긍정이자 배려이다.

일은 즉흥적으로 처리해서는 안된다. 사적인 일도 그렇지만, 국민 전체의 생존과 결부된 국가 정책은 더욱 그렇다. 국가 정책을 발표하고, 국민의 눈치를 슬슬 보다가 아니다 싶으면 철회하는, '아니면 말고'라는 식은 절대 안된다. 단기적으로 자신의 임기 내에 뭔가를 해야겠다는 식의 실적 쌓기가 아니라, 장기적인 계획을 가지고 두려운 마음으로 심사숙고하여야 한다.

당장을 보지 마라. 뚝딱뚝딱 임시방편으로 짓는 비닐하우스나 콘테이너 집이 아니라, 거센 태풍과 지진에도 흔들리지 않는 철옹성을 지어야 할 것이다.

공자는 사람이 먼 헤아림이 없으면 반드시 가까운 곳에서 근심이 생긴다고 했다.(154) 우리나라 위정자들은 한결같이 끝이 그다지 좋지 않다. 앞 선배가 방금 국민 앞에서 지탄을 받았는데도, 그 전철을 그대로 또 밟는다. 이는 당장의 이익만을 취하고, 진정한 이득이 무엇인가를 모르기 때문이다.

공자는 자신의 꿈이 세 가지임을 밝혔다.

나이 든 사람들에게는 편안한 삶을 누릴 수 있도록 해주고, 가까이 지내는 친구들과는 서로 신뢰하고 믿으며, 젊은이들에게 꿈을 꿀 수 있도록 하는 것이다.(155)

국민이 바라는 위정자는 바로 이 세 가지이면 아주 족하다. 근심 걱정없이 편안한 노후를 보낼 수 있고, 중년들에게는 신뢰와 믿음을 가지고 각자의 생업에 종사할 수 있도록 하고, 젊은이들에게는 미래에 대한 꿈과 희망을 주면 되는 것이다.

인용 원문

(150)

공자가 안연에게 말하였다.

"써 주면 행하고 버리면 감추어 드러내지 않음을 행할 줄 아는 자는 너와 나 뿐이구나."

자로가 말하였다.

"선생님께서 삼군을 통솔하신다면 누구와 함께 하시겠습니까?"

공자가 말하였다.

"맨손으로 호랑이를 잡고, 맨 몸으로 황하를 건너려다 죽어도 후회함이 없는 자와는 함께 하지 않겠다. 일에 임하면 반드시 두려워하고 계책을 잘 세워 성공을 거둘 수 있는 자와 함께 하겠다."

子謂顔淵曰, "用之則行, 舍之則藏, 唯我與爾有是夫!"

子路曰: "子行三軍, 則誰與?"

子曰: "暴虎馮河, 死而無悔者, 吾不與也. 必也臨事而懼, 好謀而成者也." (≪論語 · 述而≫07.11)

(151)

「읍참마속(泣斬馬謖)」은 '눈물을 흘리며 마속을 참하다'의 뜻.

(152)

계문자가 세 번 생각한 뒤에야 행하였다.

이 말을 듣고 공자가 말하였다.

"두 번이면 될 것이다."

季文子三思而後行. 子聞之, 曰: "再, 斯可矣." (≪論語 · 公冶長≫05.20)

(153)
"사람을 이롭게 하는 말은 따뜻하기가 솜털과 같고, 사람을 해치는 말은 날카롭기가 가시와 같다. 짧은 한 마디 말이 사람을 이롭게 하는 것은 무게로는 천금에 해당되고, 간단한 말 한 마디가 사람을 해치는 것은 칼로 살점을 도려내는 것과 같은 아픔이다. 입은 사람을 해치는 도끼요, 말은 혀를 베는 칼이다. 입을 닫고 혀를 깊이 감추면 어느 곳에서나 든든하게 편안하게 거처할 수 있다."

"利人之言, 暖如綿絲. 傷人之語, 利如荊棘. 一言半句, 重值千金. 一語傷人, 痛如刀割. 口是傷人斧, 唇是割舌刀. 閉口深藏舌, 安身處處牢."(≪明心寶鑑 · 言語篇≫)

(154)
공자가 말하였다.
"사람이 먼 헤아림이 없으면 반드시 가까운 근심이 있다."

子曰: "人無遠慮, 必有近憂." (≪論語 · 衛靈公≫15.12)

(155)
공자가 말하였다.
"늙은이는 편안해 질 수 있도록 해주고, 친구는 미더워질 수 있도록 해 주고, 젊은이는 그리워하도록 해 주겠다."

子曰: "老者安之, 朋友信之, 少者懷之." (≪論語 · 公冶長≫05.26)

18. 조화를 이루어라

文質彬彬 문질빈빈

외면은 아름답고 내면은 진실되게, 참된 조화를 이루어야 한다

「문질빈빈(文質彬彬)」은 외관의 아름다움과 내면의 미가 서로 잘 어울리는 모양을 말한다.

「문(文)」은 「문(紋)」자와 같은 뜻으로 외부적인 무늬를 말하는 것이고, 「질(質)」은 내적인 본질을 가리킨다. 「빈(彬)」은 '밝게 빛난다'는 뜻이다.

공자는 본 바탕이 외관을 넘어서면 꾸밈이 없어 거칠어지고, 외관이 바탕을 넘어서면 호화스럽기 때문에, 외관과 바탕이 어울려야 군자답다고 하였다.(156)

본질만 너무 강조하다보면 꾸밈이 없어 거칠고 냉정하여 엄숙주의가 되기 쉽다. 그렇다고 외부만 화려하게 꾸미게 된다면 형식적이고 가식적이고 지나치게 가벼워 보일 것이다. 굳이 비유하자면, 아름다운 무늬와 형태를 갖춘 질 좋은 옥에 비유할 수 있을 것이다.

옥은 인의예지신(仁·義·禮·智·信)의 미덕(美德)을 지니고 있다 하여 군자로 비유되기도 한다.

옥은 따뜻하면서도 윤택하기 때문에 인자(仁)하다. 인자한 사람은 남을 배려하는 따뜻한 마음의 소유자이다.

옥은 치밀하면서도 까실까실하기 때문에 지혜(智)롭다. 지혜로운 자는 「거일반삼(擧一反三, 하나를 거론하면 셋을 유추함)」하고 「문일지십(聞一知十, 하나를 들으면 열을 앎)」하여 사려가 깊고 주밀하다. 옥은 청렴하면서도 꺾이지 않기 때문에 의리(義)가 있다. 군자는 청렴하고 정의에 의연하다.

옥은 옷깃에 늘어뜨려 있으니 예의(禮)를 갖춘 것이다. 위에 고고하게 서있지 않고 밑으로 드리워져 있는 것은 자기를 낮추는 겸양이며, 외관을 꾸며주니 예절을 갖추는 것이다.

옥은 광채를 내고 안과 밖이 서로 통하니 믿음(信)이 있다. 옥은 티가 있어도 감추지 않고 그대로 외부에 드러내니 이는 자신의 결점을 숨기지 않고 밖으로 드러내는 것이다. 그러므로 믿음이 간다. (157)

'문질빈빈'은 사람으로 말하자면, 된 사람이자 든 사람이고 난 사람이다. 이 모두를 두루 갖춘 사람을 말한다.

된 사람은 사람 됨됨이가 된 인격적 수양을 갖춘 사람이고, 든 사람은 학문적으로 지식이나 지혜를 두루 갖춘 사람이고, 난 사람은 영웅호걸과 같은 걸출한 인물이라 할 수 있다.

잘생기고, 인품도 훌륭하고, 머리도 좋고, 능력도 빼어나고, 부유하면서, 운동도 잘하고, 이런 모든 걸을 다 갖추고 세상에 태어났다면 얼마나 좋겠는가. 우리 모두가 바라는 바이다.

그러나 신은 다행히도 한 사람에게 이 모든 것을 주시지 않는다. 하느님은 노력을 하는 자가 이를 소유하도록 하였다.

아무리 머리가 좋아도 노력하지 않으면, 우둔하지만 노력하는 자에 미치지 못하고, 아무리 운동신경이 좋다 하여도 열심히 밤낮 없이 노력하는 사람을 이길 수 없다. 이게 진리다.

좋은 사람이 되기 위해 노력만 하면 얼마든지 인격적으로 훌륭한 사람이 될 수 있고, 학문적으로도 뛰어난 지식인이 될 수 있으며, 나라를 위해 또 정의를 위해 「당인불양(當仁不讓, 정당한 일이라면 절대 양보하지 않음)」하면 영웅호걸이 될 수 있다. 문질빈빈은 닿을 수 없는 성인군자만의 몫이 아니라 우리들 자신의 몫이다.

인용 원문

(156)

공자가 말하였다.

"바탕이 외관을 넘어서면 거칠어지고, 외관이 바탕을 이기면 호화스럽다. 따라서 외관과 바탕이 어울린 후에야 군자라 할 수 있다."

子曰: "質勝文則野, 文勝質則史, 文質彬彬, 然後君子."《論語·雍也》06.18)

'史'는 사관이 역사를 쓸 때 수식을 잘 한다는 뜻에서 외관을 잘 꾸미는 호화스러움을 말한다.

(157)

공자가 말하였다.

"따뜻하고 윤택한 것은 인이며, 치밀하면서도 까실까실한 것은 지혜이며, 청렴하면서도 꺾이지 않는 것은 의미이며, 드리워서 떨어지는 듯한 것은 예이며, 두드리면 그 소리가 맑고 길며 끝마칠 때에는 쨍하는 소리가 나는 것은 즐거움이며, 옥의 티가 옥의 광채를 덮지 못하고 광채가 옥의 티를 덮지 못하는 것은 충성이며, 광채가 나고 안과 밖이 서로 통하는 것은 신의이며, 기운이 흰 무지개와 같은 것은 하늘과 같은 것이며, 정신이 산과 물에 나타나는 것은 땅이며, 규장(珪璋)이 특별히 통달한 것은 덕이며, 천하의 모든 사람이 귀하게 여기는 것은 도이다. 시경은 군자를 생각하니 그 따뜻함이 옥과 같다하였다. 그렇기 때문에 옥을 군자가 특별히 귀하게 여기는 것이다."

孔子曰: "夫昔者君子比德于玉, 温潤而澤, 仁也. 縝密以栗, 智也. 廉而不劌, 義也. 垂之如墜, 禮也. 叩之其聲清越而長, 其終則詘然, 樂矣. 瑕不掩瑜, 瑜不掩瑕, 忠也. 孚尹旁達, 信也. 氣如白虹, 天也. 精神見于山川, 地也. 珪璋特達, 德也. 天下莫不貴者, 道也. 《詩》云: '言念君子, 温其如玉.' 故君子貴之也"(《孔子家語·問玉》)

옥(玉)

19. 나를 몰라줄까 걱정하지 마라

患其不能 환기불능

나의 능력이 부족하지 않을까를 걱정하라

「환기불능(患其不能)」 중 「환(患)」은 '걱정하다'·'근심하다'의 의미이고, 「기(其)」는 인칭대사로 '나'·'자기'를 가리키고, 「불능(不能)」은 '능력이 없다'는 뜻이다.

'자기가 능력이 부족함을 걱정하다'는 말이다.

공자는 남이 자기를 알아주지 않음을 걱정하지 말고, 자기의 능력이 없거나 혹은 자기가 남을 알아주지 못함을 걱정하라 하였다. 이와 대동소이한 구절이 『논어』에 있다.

> 공자가 말하였다.
> "남이 자기를 알아주지 않음을 걱정하지 말고, 자기의 능력 없음을 걱정하라."
> 子曰: "不患人之不己知, 患其不能也."(《憲問》14.30)

> 공자가 말하였다.
> "남이 자기를 알아주지 않음을 걱정하지 말고, 내가 남을 알아주지 못할까를 걱정하라."
> 子曰: "不患人之不己知, 患不知人也.(《學而》01.16)

공자가 말하였다.
"군자는 자신이 능력이 없음을 걱정하는 것이지, 남이 자기를 알아주지 않음을 걱정하지 않는다."
子曰: 君子病無能焉, 不病人之不己知也.(≪衛靈公≫15.19)

공자가 말하였다.
"지위가 없음을 걱정하지 말고, 어떻게 설 것인가를 걱정하라. 어느 누구도 자기를 알아주지 않을까 걱정하지 말고, 남이 나를 알아줄 만하게 되기를 추구하라."
子曰: "不患無位, 患所以立. 不患莫己知, 求爲可知也."(《里仁》04.14)

「15.19」의 「병(病)」자는 「환(患)」자와 같은 뜻이다.

「04.14」의 「위(位)」는 지위나 자리를 가리키고 「소이(所以)」는 '방법'이라는 뜻이며 「막(莫)」은 '어느 누구도 ~하지 않다'는 뜻이다. 또한 「가지(可知)」는 '알려지게 되는 것'이고, 「위가지(爲可知)」는 '알려지게 되는 것을 갖추다'의 뜻이다.

공자의 가르침 중 이러한 내용이 많은 것은 당시 공자의 주장이 받아 들여지지 않았던 시대적 배경과도 밀접한 관계가 있었을 것이다.

초나라의 미치광이 접여가 공자 앞을 지나가면서 지금의 위정자들은 위험한 인물들이니 그만두고 은둔하라고 충고하였다.(158)

나루터를 찾는 공자 일행에게 밭을 갈던 장저와 걸닉이 자로에게 천하를 바꾼다는 너의 스승 공자가 나루터 하나 모르는가 하고 비꼬았다. 또 온 천하에 혼탁한 물이 도도하게 흐르니 마음에 안 드는 위정자를 피하여 이 나라 저 나라로 돌아다니는 공자와 함께 세상을 바꾸려 하지 말고, 차라리 속된 세상 자체를 피하여 은거하는 사람을 따르는 것이 더 낫지 않겠는가 하였다. 이 말을 들은 공자는 천하에 도가 있으면 은둔하고 싶지만 천하에 도가 없어 이를 바로잡기 위하여 세상 사람들과 함께 살 수밖에 없다고 하였다.(159)

공자의 제자 중에는 정치적 포부를 가지고 있으나, 위정자들이 자신을 알아주지 않는다고 불만을 표시하는 자들도 있었을 것이다.

어느 날 공자가 자로(子路), 증석(曾皙), 염유(冉有)와 공서화(公西華)에게 '너희들이 자기를 알아주지 않는다고 하는데, 만약에 어떤 사람이 너희들을 알아준다면 무엇을 하겠느냐'라 물었다. '나를 알아주지 않는다'는 「不吾知也」로 쓴다. 「오(吾)」는 '나'라는 인칭대사이다.

자로는 천승지국으로 큰 나라들 사이에 끼여 있어 군사적 침략을 받고 기근까지 발생한다 해도, 이 나라를 다스리게 된다면 삼 년 뒤에는 백성들이 용기가 있고 도의를 알게 만들겠다고 하였다.

염유(求)는 사방 육칠십 리 혹은 오륙십 리 되는 지역을 다스린다면, 삼 년 만에 그 지역 백성들을 풍족하게 만들 수 있으며, 예악(禮樂)은 군자가 나타나기를 기다리겠다 했다.

공서화(赤)는 종묘에서의 제사나 제후들의 회동에 현단과 장보관을 착용하고 작은 보좌관 노릇을 하고 싶다고 했다.

증석(點)은 늦은 봄에 봄옷을 잘 차려입고 갓을 쓴 어른 대여섯 명 및 아이들 예닐곱 명과 함께 기수에서 세수하고 무우에서 바람을 쐰 다음 노래를 읊조리며 돌아오겠다고 했다.(160)

어쩌면 당연하겠지만 공자는 증석에게 찬성표를 던진다.

「환기불능(患其不能)」은 당시 제자들이 제후국 군주들이 자신들을 알아주지 않는다고 울분을 표시하니까, 불만하기보다 먼저 자기 자신이 그 자리에 설 수 있는 능력을 갖추도록 노력하고, 자기 자신이 상대방을 제대로 잘 알고 있는지 반성하라는 공자의 가르침이다.

『논어』의 첫 구문에서 군자란 '알아주지 않아도 노여워하지 않는 사람'이라 하였다.(161) 즉 「부지불온(不知不慍)」은 '나를 모른다해도 화를 내지 않는다'는 말이다. 남이 나를 알아주지 않는다 하여도 묵묵히 자기자리에서 제 역할을 하기란 예나 지금이나 어려운가 보다.

지금도 많은 사람들이 한 자리 얻기 위해 줄을 서고 있다. 자리에 앉기 전에 먼저 헤아려봐야 할 것은 내가 그 자리에 앉을 수 있는 사람인가를 객관적으로 평가를 하여야 할 것이다.

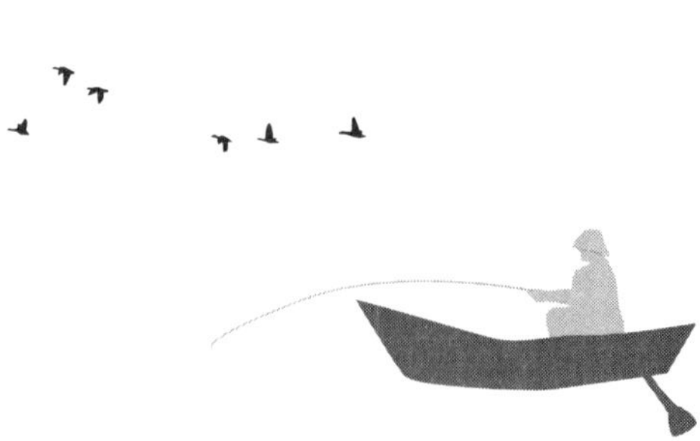

인용 원문

(158)

초나라의 광인인 접여가 공자 앞을 노래하며 지나가면서 말하였다.
"봉이여, 봉이여. 어찌 (봉황의) 덕을 쇠퇴하게 하는가? 지나간 것은 돌이킬 수는 없겠지만, 오는 것은 아직 늦지 않았다네. 그만 둘지어다. 오늘날의 정치에 종사하는 자들은 위험하다."
공자가 내려서서 그와 말하려 하였지만, 종종 걸음으로 피하는 바람에 그와 이야기 할 수 없었다.

楚狂接輿歌而過孔子曰:
"鳳兮鳳兮! 何德之衰? 往者不可諫, 來者猶可追. 已而已而! 今之從政者殆而!"
孔子下, 欲與之言. 趨而辟之, 不得與之言. (≪論語·微子≫ 18.05)

(159)

장저와 걸닉이 나란히 서서 밭을 가는데 공자가 그들을 지나가게 되어 자로에게 나루터가 어디에 있는지 물어보게 했다.
장저가 말하였다. "저 수레에서 말 고삐를 잡고 있는 사람은 누구인가?"
자로가 말하였다. "공구입니다."
"노나라의 공구요?"

"네 그렇습니다."

"그는 나루터를 알고 있음에 틀림없소."

걸닉에게 묻자, 걸닉은 말하였다. "그대는 누구시오?"

"네. 중유입니다."

"노나라 공구의 제자요?"

"네, 그렇습니다."

"온 천하에 혼탁한 물이 도도하게 흐르니 누구와 함께 그것을 뒤바꾼단 말이오. 마음에 안 드는 위정자를 피하여 이 나라 저 나라로 돌아다니는 공자를 따르느니 차라리 속된 세상 자체를 피하여 은거하는 사람을 따르는 것이 더 낫지 않겠는가?"

말을 마친 후, 쉬지 않고 곰방메로 흙덩이를 부수어 씨앗에 흙을 덮어나갔다.

자로가 돌아와서 이야기하자 스승은 실의 젖은 얼굴로 말하였다.

"새나 짐승과 함께 살 수 없을진대 내가 이 백성들과 함께하지 않고 누구와 함께하겠는가? 천하에 도가 있으면 나는 세상을 바로잡는 일에 참여하지 않을 것이다."

長沮桀溺耦而耕, 孔子過之, 使子路問津焉. 長沮曰, "夫執輿者爲誰?"

子路曰: "爲孔丘." 曰: "是魯孔丘與?" 曰: "是也." 曰: "是知津矣."

問於桀溺. 桀溺曰: "子爲誰?" 曰: "爲仲由." 曰: "是魯孔丘之徒與?"

對曰: "然." 曰: "滔滔者天下皆是也, 而誰以易之? 且而與其從辟人之士也, 豈若從辟世之士哉?" 耰而不輟. 子路行以告. 夫子憮然曰: "鳥獸不可與同羣, 吾非斯人之徒與而誰與? 天下有道, 丘不與易也."

(《論語 · 微子》18.06)

(160)

어느 날, 자로(子路), 증석(曾皙), 염유(冉有)와 공서화(公西華)가 공자와 함께 앉아있을 때, 공자가 말하였다.

"내가 너희들보다 나이가 많다고 생각하지만 너희들은 그렇게 생각하지 말라. 평소에 너희들은 자기를 알아주지 않는다고 하는데, 만약에 어떤 사람이 너희들을 알아준다면 무엇을 하겠느냐."

자로가 경솔하게 말하였다.

"천승지국으로 큰 나라들 사이에 끼여 있어 군사적 침략을 받고 뒤이어 기근까지 발생한다 해도 다스리게 된다면 삼년 뒤에 그 나라 백성들이 용기가 있고 도의를 알게 만들겠습니다." 공자가 비웃었다.

염유(求)가 대답하였다.

"사방 육칠십 리 혹은 오륙십 리 되는 지역을 다스린다면 삼 년 만에 그 지역 백성들을 풍족하게 만들 수 있으며, 예악 같은 것은 군자가 나타나기를 기다리겠습니다."

"공서화(赤), 너는 어떠하냐?" 공서화가 대답하였다.

"제가 능하다고 말하는 것이 아니라 배우기를 원합니다. 종묘에서의 제사나 제후들의 회동에 현단과 장보관을 착용하고 작은 보좌관 노릇을 하고 싶습니다."

"증석(點)아, 너는 어떠냐?" 증석은 비파를 타는 것을 늦추어 멈춘 다음 일어나 대답하였다. "저는 세 제자들이 이야기 한 것과 다릅니다."

"무엇이 어떠냐? 또한 각기 자기의 뜻을 말해보는 것인데."

"늦은 봄에 봄옷을 잘 차려입고 갓을 쓴 어른 대여섯 명 및 아이들 예닐곱 명과 함께 기수에서 세수하고 무우에서 바람을 쐰 다음 노래를 읊조리며 돌아오겠습니다."

공자께서 이에 찬탄하며 말하였다. "나는 점(증석)의 말에 찬성한다."

세 사람이 나가자 증석이 뒤로 처졌다.

증석이 말하였다. "저 세 사람의 말은 어떻습니까?".

"이 또한 각자 자기 생각을 말해 본 것이다." 공자가 말하였다.

"선생님께서 왜 유의 말을 듣고 웃으셨습니까?"

"예로써 나라를 다스리는 것인데 그의 말이 겸양하지 않기 때문에 웃었다."

"유독 구가 이야기한 것만은 나라를 다스리는 일이 아닙니까?"

"사방 육칠십리나 오륙십 리가 되면서 나라가 아닌 것은 어디서 보겠느냐?"

"유독 적이 이야기한 것만은 나라를 다스리는 일이 아닙니까?"

"종묘와 회동이 제후국의 일이 아니고 무엇이겠느냐? 적의 일이 작은 것이라면 누구 일이 큰 것이라 할 수 있겠느냐?"

子路曾晳冉有公西華侍坐.

子曰: "以吾一日長乎爾, 毋吾以也. 居則曰, 不吾知也! 如或知爾, 則何以哉?"

子路率爾而對曰: "千乘之國, 攝乎大國之間, 加之以師旅, 因之以饑饉, 由也爲之, 比及三年, 可使有勇, 且知方也." 夫子哂之.

"求! 爾何如?" 對曰: "方六七十, 如五六十, 求也爲之, 比及三年, 可使足民. 如其禮樂, 以俟君子."

"赤! 爾何如?" 對曰: "非曰能之, 願學焉. 宗廟之事, 如會同, 端章甫, 願爲小相焉."

"點! 爾何如?" 鼓瑟希, 鏗爾, 舍瑟而作, 對曰: "異乎三子者之撰."
子曰, "何傷乎? 亦各言其志也." 曰: "莫春者, 春服旣成, 冠者五六人, 童子六七人, 浴乎沂, 風乎舞雩, 詠而歸."
夫子喟然歎曰: "吾與點也!"
三子者出, 曾晳後. 曾晳曰: "夫三子者之言何如?"
子曰: "亦各言其志也已矣."
曰: "夫子何哂由也?"
曰: "爲國以禮, 其言不讓, 是故哂之."
"唯求則非邦也與?"
"安見方六七十如五六十而非邦也者?"
"唯赤則非邦也與?"
"宗廟會同, 非諸侯而何? 赤也爲之小, 孰能爲之大?" (≪論語 · 先進≫11.26)

(161)
다른 사람이 알아주지 않는다 해도 화를 내지 않는 사람 또한 군자가 아니겠는가?

"人不知而不慍, 不亦君子乎?" (≪論語 · 學而≫01.01)

20. 원대한 꿈을 가져라

任重道遠 임중도원

임무는 막중하고 가야할 길은 멀다

「임중도원(任重道遠)」 중의 「임(任)」은 '책임'·'부담'을 뜻하고, 「중(重)」은 '무겁다'이며, 「도(道)」는 '길'이며, 「원(遠)」은 '멀다'라는 뜻이다.

부담을 느끼고 실천해야할 주요 '책임'이 『논어』에서는 '인(仁)'이나, 지금은 일반적인 모든 일을 가리킨다. '맡겨진 임무는 무겁고 실천할 길은 어렵고 아득하다'는 뜻이다.

『논어』에서 증자는 선비는 도량이 넓고 뜻이 굳세지 않으면 안되는데, 이는 책임이 막중하고 갈 길이 멀기 때문이고, 인을 실현하는 것이 선비의 책임이기 때문에 책임이 막중하다 하였다.(162)

성인(聖人)에게 있어 책임은 '인'이나, 우리에게는 '목표'이고 '꿈'이다. '꿈'은 '희망'이다. '희망'이 없다는 것은 죽음과 같다. 만약에 꿈이 없다고 한다면, 골인점없이 달리는 마라토너와 같다.

한 발 한 발 힘들게 내딛는 오르막길을 골인점이 없이 달릴 수 있겠는가. 희망이 있기 때문에 인생의 긴 여정을 힘드는 줄 모르고 열심히 끝까지 달리는 것이다.

생명이 끝나가는 노파가 있었다. 아들이 노파의 임종을 보기 위해 외국에서 오는 중이었다. 영국에서 배를 타고 일주일이 걸려야 집에 도착할 수 있다. 노파는 마지막으로 한번만 더 아들의 얼굴을 보겠다는 일념으로 한 가닥 숨을 유지하였다. 이제 눈을 뜰 수 있는 기력도 없었으나, 아들이 돌아와 노파의 손을 잡자 숨이 멈췄다. 아들에 대한 사무친 그리움이 노파의 생명을 일주일 더 유지하게 한 것이다.

어느 한 절실한 기독교인이 심한 교통사고로 의식을 잃은 채 며칠 동안이나 깨어나지 못하고 있었다. 의사는 이 정도의 부상이면 회복이 불가능하다고 하였다. 그러나 그는 하나님을 위하여 해야 할 일이 있으며 하나님이 자신을 보호해 줄 것이라고 굳게 믿었다. 굳은 신념이 그를 일으켜 세웠고, 그 후 오랜 세월 선교사로 활동하였다. 담당 의사는 장기가 심하게 손상되어 정상적인 활동을 할 수 없음에도 별 탈없이 오랫동안을 살아가는 그 신자를 과학적으로 이해할 수 없었다. 이 경이로움이 바로 신념이자 꿈이다.

우리 모두에게는 모두 인생의 운명을 바꿀 만한 각자의 꿈이 있다. 그래서 사소한 일로 남을 미워하고 시기하고, 자그마한 실수로 가슴 아파하는 작은 가슴이 아니다.

꿈을 향하여 앞으로 전진하기 위해서는 넓은 도량과 굳센 의지가 필요하다. 즉 「홍의(弘毅)」해야한다. 「홍(弘)」은 도량이 넓고 크며, 「의(毅)」는 굳세고 강한 의지라는 뜻이다.

사소한 일로 남과 다투지 마라. 큰 가슴을 가진 '홍의'한 사람이 어찌 사소한 일로 마음 아파하는가. 저 앞에 우리를 기다리는 목표가 있는데, 갈 길이 먼 우리가 아이들 같이 유치한 싸움이나 하고 있다면 이 얼마나 우스운 일이겠는가.

두보는 높은 태산에 올라보니 다른 산들이 작음을 알 수 있다고 하였다.(163) 태산에 올라보니 그 높다하던 산들도 작아 보이는 것이다. 언덕에 올라서면 평지가 보일 것이고, 뒷동산에 올라가면 마을이 보일 뿐이지만, 천왕봉에 올라서면 뭇 산과 발 아래 구름이 펼쳐질 것이다.

나의 목표가 백 미터이면 백 미터만 갈 수 있지만, 천 미터이면 천 미터, 만 미터이면 만 미터를 갈 수 있는 것이다.

꿈을 크고 멀리 잡아라. 아무리 멀어도 뚜벅뚜벅 소 걸음으로 평정심을 잃지 않고 걸어가면 된다.

아름드리 큰 나무도 조그마한 싹에서 자랐고, 9층의 높은 누대도 한 줌의 흙에서 시작되었으며, 천리 길도 한 걸음부터 시작한다. 끝머리를 신중히 하기를 시작할 때와 같이 하면 실패하는 일이 없다. 노자가 한 말이다.(164)

2002년 우리가 외쳤던 '꿈은 이루어진다'를 한자어로 「유지자사경성(有志者事竟成)」이라 한다.(165) 뜻이 있는 자는 반드시 성공한다. 지금의 어려움은 큰 짐을 짊어지고 멀리 가기 위한 준비 과정이다.

하늘이 큰 임무를 맡기려 하면, 그 사람의 심지를 먼저 불편하게 하고 몸을 피곤하게 하며, 굶주리고 궁핍하게 하고, 하는 일을 어그러뜨린다 하였다. 이것은 그 사람에게 분발하고 인내력을 갖게 하고 부족한 부분을 채워주기 위함이다.

사람은 우환이 있어야 살아남을 수 있고, 편안하면 생명력을 가질 수 없다.(166) 맹자가 한 말이다. 지금의 역경은 한 걸음 더 앞으로 나가기 위한 디딤돌이다.

인용 원문

(162)

증자가 말하였다.

"선비는 도량이 넓고 의지가 굳지 않으면 안된다. 이는 책임감이 막중하고 갈길은 멀기 때문이다. 인을 실천하는 것이 자기의 임무이기 때문에 막중하지 않겠는가? 죽은 뒤에야 이를 그만둘 수 있으니 또한 멀지 않겠는가?"

曾子曰: "士不可以不弘毅, 任重而道遠. 仁以爲己任, 不亦重乎? 死而後已, 不亦遠乎?" (《論語·泰伯》08.07)

(163)

"태산은 어떠하던가? 제나라와 노나라에 걸쳐서 푸르른 모습이 끝이 없도다. 조물주는 신령스럽고 빼어난 기운을 모아 놓았네. 산의 앞쪽과 뒤쪽은 밤과 새벽을 갈라 놓았네. 층층의 구름이 생겨나서 마음이 깨끗이 씻겨지고, 눈을 뜨니 돌아가는 새가 보인다. 산 꼭대기에 올라선다면 한 눈으로 작은 뭇 산들을 볼 수 있겠네."

"岱宗夫如何, 齊魯青未了. 造化鍾神秀, 陰陽割昏曉. 湯胸生層雲, 决眦入歸鳥. 會當凌絕頂, 一覽衆山小." (杜甫, ≪望嶽≫)

(164)

"한 아름의 큰 나무도 터럭끝만한 싹으로부터 생겨난 것이고, 9층의 누대도 한 줌의 흙을 쌓는데서부터 세워진 것이며, 천리길도 한 발자국을 내딛는데서부터 가게 되는 것이다. ……거의 성공할 단계에서 실패를 하는데, 끝머리를 신중히 하기를 시작할 때와 같이 하면 곧 일에 실패하는 일이 없게 될 것이다."

"合抱之木, 生於毫末, 九層之臺, 起於壘土, 千里之行, 始於足下.……常於幾成而敗之, 愼終如始, 則無敗事."(≪老子≫64章)

(165)

"뜻이 있으면 일은 이루어진다."

"有志者事竟成."(《後漢書》)

(166)

"하늘이 큰 임무를 그 사람에게 내리려 할 적엔 반드시 먼저 심지를 괴롭히며, 그 근력을 수고롭게 하며, 그 몸과 피부를 굶주리게 하며, 그 몸을 궁핍하게 하여, 그의 하는 것을 어그러뜨리고 어지럽히는 것을 하는 것이니, 그렇게 함으로써 마음을 분발시키고 인내력을 갖게 하여, 그 능하지 못한 부분을 증익시키기 위한 것이다. 사람은 허물이 있은 뒤에야 고치는 것이니, 마음에 고달픈 것이 있고 생각에 순조롭지 못한 것이 있고 난 뒤에야 분발하게 되며, 고통이 얼굴에 나타나고 음성에 나타나야 깨닫는 것이다. 나라 안에 들어가면 법도 있는 집과 보필하는 선비가 없고, 나라 밖에 나가면 적국과 외환이 없는 경우는 나라가 항상 멸망한다. 사람은 우환 뒤에야 살아남고, 안락하면 죽는다는 것을 알게 되는 것이다."

"故天將降大任於是人也, 必先苦其心志, 勞其筋骨, 餓其體膚, 空乏其身, 行拂亂其所爲, 所以動心忍性, 曾益其所不能. 人恒過, 然後能改. 困於心, 衡於慮, 而後作. 徵於色, 發於聲, 而後喻. 入則無法家拂士, 出則無敵國外患者, 國恒亡. 然後知生於憂患, 而死於安樂也."(《孟子 · 告子下 》)

21. 원망하지 마라

怨天尤人 원천우인

하늘을 원망하고 사람을 탓한다

「원천우인(怨天尤人)」의 「원(怨)」은 '원망하다', 「우(尤)」는 과실'·'잘못'·'비난하다'·'탓하다'의 뜻으로 하늘을 원망하고 사람을 탓한다는 뜻이다.

어느 날 공자는 자신을 알아주는 사람은 없고 오직 하늘만이 안다고 한탄하면서, 자신은 하늘을 원망하지도 남을 탓하지도 않으며, 하찮은 것부터 배워서 수준 높은 것까지 이루었다고 하였다.(167)

「원천우인(怨天尤人)」은 공자 자신이 하늘을 원망해본적도 없고 남을 탓해 본적도 없다는 「불원천, 불우인(不怨天, 不尤人)」이라는 반대말에서 유래한 것이다. 이는 공자가 일생동안 자신의 신념을 관철시키기 위하여 노력하였지만, 정치적으로는 그의 주장이 받아들여지지 않는 것에 대한 일종의 푸념이었다.

공자도 50이 돼서야 「지천명(知天命)」, 즉 천명을 알았다 했으니 천명을 안다는 것은 매우 힘든 일인가 보다.

우리는 종종 자신의 운명을 한탄한다. 가진 자는 가진 자대로,

없는 자는 없는 자대로 자신의 운명이 순탄하지 않다고 원망한다. 잘 하면 제 덕이고, 잘못되면 조상 탓이다.

우리는 이미 우리 자신에게 주어진 운명을 거역하면서 살려고 한다.

하늘의 뜻을 따르는 자는 생존하고, 하늘의 뜻을 거스르는 자는 멸망한다. 맹자가 한 말이다.(168)

순리대로 살아가는 것이 하늘의 뜻대로 사는 것이다. 있는 그대로 살아가면 되는데, 이를 거스르고 역행하기 때문에 시비가 생기고 문제가 생기는 것이다.

위정자들이 백성의 소리를 듣지 않고 거역하는 것은 천명을 따르지 않는 것이다. 나라가 시끄럽고 혼란스러운 것은 소인배들이 백성들은 안중에도 없이 교묘한 명분만을 앞세워 위세를 부리고 자신의 이득을 취하려 들기 때문이다.

「우인(尤人)」은 남의 탓으로 돌리는 것을 말한다.

공자는 군자는 자기 탓을 하지만 소인은 남 탓을 한다 하였고,(169) 자신을 엄중하게, 남은 가볍게 책망하면 남으로부터 원망을 멀리할 수 있다고 하였다.(170)

남의 탓으로 돌리는 것은 일종의 책임회피이다. 자신이 잘못했던 때는 당연한 듯이 행동하고 남이 잘못하면 죽이기라도 할 듯 책망한다. 남을 용서할 줄 모르는 사람 대부분이 남으로부터 용서 받기는 좋아한다.

대장부라면 남을 용서하기는 해도 남에게 용서받으려고는 하지말라 하였다.(171) 중국 원나라 왕운(王惲)이 『옥당가화(玉堂嘉話)』에서 한 말이다.

맹자가 말하였다.

남을 사랑했는데도 친해지지 않으면 자신이 베푼 인애(仁愛)가 어떠했는지 반성하고, 남을 다스렸을 때 관리가 잘 되지 않는다면 자신이 지혜로운지를 반성하고, 남에게 예의를 갖추어 대했는데도 반응이 좋지 않으면 자기의 공경심을 반성하여야 한다. 또한 자신의 행위로부터 만족스러운 결과를 얻지 못하면, 모두 자기에게서 그 원인을 찾아야 한다. 자기 자신이 바르면 천하가 곧 자기에게로 돌아오는 법이다.(172)

문제는 남에게 있는 것이 아니라 나 자신에게 있다.

남을 책망하고 비난할 때, 상대방이 그럼 너는? 하고 되물었을 때, 망설임 없이 나는 잘하였다고 자신있게 대답할 수 있을 때가 몇 번이나 되던가. 아마 거의 없을 것이다. 설사 상대방이 잘못했다해도 비난보다 따뜻한 한마디가 오히려 더 상대방을 뜨끔하게 할 지도 모른다. 용서보다 더 무서운 채찍은 없다.

한 청년의 이야기다.

형은 항상 일등이었고, 부모님의 사랑을 독차지 하였다. 반면에 자신은 부모님의 관심 밖이었고, 학교에서는 문제아였다. 집이 밉고 학교가 싫어 가난한 집에서 어렵게 마련한 형의 대학 등록금을 훔쳐 가출하였다. 여기저기 떠돌다가 집에 돌아와 보니, 형은 대학을 포기하고 직급이 낮은 공무원이 되어 있었다.

형은 무릎을 꿇은 동생을 일으켜 세우며, '돌아왔으며 됐다'라며 등을 두들겨 주었고, 부모 역시 따뜻하게 맞이해 주었다. 차라리 욕설이라도 퍼붓고 때리기라도 하면 속이 후련하려니만, 청년은 더욱 가슴이 메어지는 듯했다.그 후 청년은 다시 공부를 시작하였고, 후에 큰 회사의 사장이 되었다.

가난은 죄도 아니며 운명도 아니다. 하늘을 원망할 일은 더욱이 아니다. 어떻게 사느냐의 문제다.

재산 때문에 형제 간에 싸우고 이간질하고 원수같이 지내는 것보다, 누추한 집에 살아도 형제 간에 우애를 지키면서 얼마든지 더 행복하게 잘 살 수 있는 것이다.

공자가 동이(東夷)에 가서 살고 싶어 하였다.

그곳은 누추한 땅인데 어떻게 사시려 합니까? 어떤 사람이 물었다. 동이(東夷)는 경제적으로 뒤떨어진 누추한 땅이지만 도덕적으로 예(禮)를 실현할 수 있는 곳이다. 군자가 사는데 어찌 누추하다 하겠는가?(173) 공자의 대답이다.

공자는 삶의 질을 강조하였다.

잘 살고 못사는 것은 얼마만큼의 금전을 가지고 있느냐가 아니라 어떻게 사느냐에 달려 있다.

산이 높지 않아도 신선이 살고 있기 때문에 명산인 것이고, 물이 깊지 않아도 용이 있기 때문에 영수(靈水)인 것이다.(174)

인용 원문

(167)

공자가 말하였다. "나를 아는 사람이 없구나."

자공이 물었다. "어째서 선생님을 아는 사람이 없습니까?"

공자가 말하였다.

"나는 하늘을 원망하지 않고, 남을 탓하지 않으며, 하찮은 것에서부터 배워서 수준 높은 것에 이르나니 나를 아는 사람은 하늘이구나."

子曰: "莫我知也夫!"

子貢曰: "何爲其莫知子也?"

子曰: "不怨天, 不尤人. 下學而上達, 知我者其天乎!"

(≪論語·憲問≫14.35)

(168)

"하늘을 따르는 자는 살고, 하늘을 거스르는 자는 죽는다."

"順天者存, 逆天者亡."(≪孟子·離婁上≫)

(169)

공자가 말하였다.

"군자는 자신에게서 잘못을 구하고, 소인은 다른 사람에게서 구한다."

子曰: "君子求諸己, 小人求諸人."(≪論語·衛靈公≫15.21)

(170)
공자가 말하였다.

"스스로 자책하기를 엄중하게 하고, 남에게 요구하기를 가벼이 하면 원한을 멀리할 수 있다."

子曰: "躬自厚, 而薄責於人, 則怨遠矣." (≪論語 · 衛靈公≫15.15)

(171)
"대장부는 남을 용서할지언정 남의 용서를 받으려 하지 마라."

"大丈夫當容人, 勿爲人所容." (元 王惲 《玉堂嘉话》)

『명심보감(明心寶鑑)』은 『경원록(景行錄)』을 인용하여 "大丈夫當容人, 無爲人所容"으로 쓴다.

(172)
맹자가 말하였다.

"남을 사랑했는데도 친해지지 않으면 자신의 인애(仁愛)를 반성하고, 남을 관리하였는데 관리가 잘되지 않으면 자신이 지혜로운지 반성하며, 남에게 예의를 갖추었는데도 반응이 좋지 않으면 자기의 공경심을 반성해야 한다. 또한 자신의 행위에 만족스러운 결과를 얻지 못한다면 모두 자기에게서 그 원인을 찾아야 하는 것이니, 자기 자신이 바르면 천하가 곧 자기에게로 돌아오는 것이다. ≪시경≫은 '영원히 천명과 같이 하여 많은 복을 스스로 구하네'라 하였다."

"愛人不親, 反其仁. 治人不治, 反其智. 禮人不答, 反其敬. 行有不得者皆反求諸已, 其身正而天下歸之.《詩》云: '永言配命, 自求多福.'"(《孟子 · 離婁上》)

(173)

공자가 구이(九夷)에 살려고 하자 어떤 사람이 물었다.

"그곳은 누추한데 어떻게 사시려 하십니까?"

공자가 말하였다.

"군자가 사는데 무슨 누추함이 있겠는가?"

子欲居九夷. 或曰: "陋, 如之何?" 子曰: "君子居之, 何陋之有?"(《論語 · 子罕》09.14)

(174)

"산이 높지 않아도 신선이 있으면 명산이요.

물이 깊지 않아도 용이 있으면 영수라지.

이곳은 비록 누추한 집이나 오직 나의 덕은 향기롭다네."

"山不在高, 有仙則名.

水不在深, 有龍則靈.

斯是陋室, 惟吾德馨." (唐 劉禹錫,《陋室銘》)

22. 조급해 하지 마라

欲速不達 욕속부달

성급하게 이루려 하면 목적에 다다를 수 없다

「욕속부달(欲速不達)」은 성급하게 목표를 달성하려고 하면 오히려 목표에 도달할 수 없다는 말이다. 자하(子夏)가 거보(莒父)의 읍재(邑宰)가 되어 정치에 대해 물었을 때 공자가 대답한 것이다.

속히 달성하려 말고 조그만 이득을 보려하지 말라. 속히 달성하려고 하면 오히려 실패할 수 있고, 조그마한 이득에 집착하면 큰 일을 이룰 수 없다.(175)

부실공사의 원인은 업자의 농간으로 부적절한 자재가 사용되는 경우가 가장 큰 원인이지만, 또 하나의 중요한 이유는 빨리 일을 마치려는 「욕속(慾速)」 때문이다.

7, 80년부터 이어진 경제부흥 붐을 타고 건설 사업이 한창이었던 90년대, 1995년에 삼풍백화점이 무너져서 500여 명이라는 사상자를 냈고, 1994년에는 성수대교가 무너져 30여 명이 숨지는 대형사고를 우리는 아직도 기억하고 있다.

물론 전쟁을 겪고 가난에서 벗어나기 위한 몸부림이었을 수도 있겠지만, 그렇다고 사람의 목숨을 담보로 하는 빨리빨리와 속전

속결은 절대 있어서는 안된다.

「와행우보(蝸行牛步)」라는 말이 있다. 「와(蝸)」는 달팽이를 가리킨다. 달팽이와 소의 걸음걸이 같이 매우 느리게 걸어가는 것을 말한다.

느림은 오히려 좋은 점이 많다. 여행을 할 때도 여러 곳에 눈도장만 찍고 돌아오는 스치기 여행보다는 한 두 곳을 선택해서 천천히 둘러봐야 그곳의 향취를 더욱 잘 느낄 수 있다. 시간을 너무 촉박하게 잡지 말고 계획을 세워서 천천히 진행해야 일에 보람도 느끼고 즐길 수 있으며, 일이 제대로 이루어진다.

천천히 가자. 쉬었다 가자. 가다가 그늘이 있으면, 짐을 내려놓고 촌부가 건네 준 물 한 바가지가 얼마나 달고 또 고마운 일인지 느껴라. 화려한 꽃보다는 길가에 피어난 작고 소박한 꽃의 아름다움을 느껴라. 고개를 들어 저 들판을 보고 산의 푸르름을 보고 한가하게 떠도는 하얀 구름을 바라 보아라.

민중을 위한 정치는 더욱더 장기적인 계획이 필요하다. 당장의 과시용으로 포장할 작은 성과나 자신의 임기 내에 끝마치려 하는 욕심이 아닌 진정으로 나라를 위해 심사숙고한 장기적 계획이어야 할 것이다.

나라의 주인이 바뀌면 전직 대통령의 모든 것을 부정하고, 이미 상당한 진전이 있는 일들마저 무조건 그만두려 한다. 이 얼마나 시간 낭비이며, 경제적 낭비인가?

시샘과 질투가 아니라, 진정으로 나라를 걱정하는 마음으로 좋은 방향으로 시정하면서 지속적으로 발전시켜 보다 효율적인 결

말을 맺을 수 있도록 해야 한다.

각 시대마다 문제점이 없을 수는 없다. 농부는 농부대로 상인은 상인대로 아픔이 있다. 아픔이 있을 때, 이를 해결해 줄 수 있는 정치가나 지식인을 우리는 갈망한다. 자신의 정치 이념과 끼리끼리의 정당, 그리고 개인의 목적만을 위하는 기존의 정치가에 염증을 느끼면, 국민들은 눈 앞의 문제들을 해결해 줄 것 같은 현명한 정치가에게로 눈을 돌리는 것이다.

많은 위정자들은 자신이 제일이고, 나만이 국가를 가장 잘 이끌어 갈수 있는 인물이라는 오만으로 마음이 흐려져 있어 역사의 흐름을 제대로 인식하지 못한다.

국민인 우리가 바라는 건, 눈 가리고 아웅식의 사탕 발림이 아니라, 더 많은 밥그릇을 위한 과시용의 성과 부풀리기가 아니라, 정치가와 민중이 한 마음 한 뜻이 되어 바람직한 사회의 건설과 미래를 위하여 노력하는 것이다.

> 자공이 물었다.
> 나라를 다스리는데 있어, 식량과 군사와 백성의 신뢰 중에서 부득이 하게 한 가지를 버려야 한다면 우선 무엇을 버려야 합니까?
> 군대를 버려야 한다. 공자가 말하였다.
> 식량과 백성의 신뢰 중 부득이 한 가지를 버려야 한다면 무엇을 먼저 버려야 합니까?
> 식량이다. 공자의 대답이다.(176)

배고픔보다 더 중요한 것이 신뢰이다.

인용 원문

(175)

자하가 거보의 읍재가 되어 정치에 대하여 물었다.

공자가 말하였다.

"속히 하려고 하지 말고, 조그만 이익을 보려하지 말아야한다. 속히 하려고 하면 도달하지 못하고, 조그만 이익을 추구하면 큰 일을 이룰 수 없다."

子夏爲莒父宰, 問政.

子曰: "無欲速, 無見小利. 欲速, 則不達, 見小利, 則大事不成."

(《論語 · 子路》13.17)

(176)

자공이 정치에 대하여 물었다.

공자가 대답하였다.

"식량을 충족히 하는 것, 군대를 충분히 갖추는 것, 백성들이 신뢰하는 것이다."

자공이 물었다.

"부득이하게 한 가지를 버려야 한다면 먼저 무엇을 버려야 합니까?"

"군대이다." 공자가 대답하였다.

자공이 물었다.

"반드시 버려야하는 상황이 된다면 두 가지 중 어느 것을 버려야 합니까?"
공자가 말하였다.
"식량이다. 자고로 사람은 누구나 죽는다. 하지만 백성에게 믿음이 없으면 나라가 세워지지 않는다."

子貢問政.
子曰: "足食, 足兵, 民信之矣."
子貢曰: "必不得已而去, 於斯三者何先?"
曰: "去兵."
子貢曰: "必不得已而去, 於斯二者何先?"
曰: "去食. 自古皆有死, 民無信不立." (《論語 · 顔淵》12.07)

23. 인생은 흘러가는 물

逝者如斯 서자여사

인생은 흘러가는 물과 같다

「서자여사(逝者如斯)」는 '가는 것이 이것(강물)과 같다'라는 말이다. 「서(逝)」는 '가다', 「여(如)」은 '마치 ~과 같다', '사(斯)'는 '흘러가는 강물'을 가리키는 대사(代詞)로 '이것'이라는 뜻이다.

공자가 냇가에 서서 흘러가는 강물을 보고 한탄하였다.

흘러가는 것이 이와 같구나, 밤낮으로 쉬지 않고 흘러가는구나!(177)

위의 구절은 흘러가는 세월의 덧없음을 한탄한 내용으로, 혹은 세월은 물과 같이 빨리 지나가니 시간을 아껴야 한다거나, 혹은 강물이 끊임없이 흘러가듯 심신을 위하여 부단히 수양하여야 한다는 뜻으로 이해한다.

앞 뒤 문장이 없으니 공자의 정확한 뜻을 알 수가 없다.

흘러가는 강물은 과거 현재 미래가 자연의 질서에 따라 순환하는 것이다. 지금 우리 눈 앞에 있는 강물은 저 앞에서 흘러왔고, 현재 강물이 흘러가면 또 다시 과거가 되듯이, 봄 · 여름 · 가을 · 겨울 자연의 질서가 유기적으로 순환되는 것과 같다.

우리의 인생 역시 흘러가는 강물이다. 우리가 살고 있는 지금은 현재이지만, 이전엔 알 수 없었던 미래였고, 곧 과거가 되어 사라지는 자연 질서 속에 있는 것이다.

현재는 순리에 따라 과거가 되어야 하는데, 영원히 현재이기를 바라는 잘못된 욕망 때문에, 불로장생을 추구하다가 오히려 약물남용으로 단명하기도 하고, 영원히 소유할 수 있다고 착각하는 탐욕을 부리기도 한다.

흐르는 물이 썩지 않고 문지도리가 좀을 먹지 않는 것은 쉬지 않고 움직이기 때문이라 하였다.(178) 인간의 생명 역시 흐르는 물과 같다. 흘러가지 않고 이 세상에 머무르기만 한다면 신진대사가 되지 않고 그러면 사회는 고인물처럼 썩는다. 천수를 다 하면 다음 세대를 위해 미련없이 기꺼이 떠날 줄 알아야 한다. 신구교체가 활발하게 진행되어야 사회가 건강하고 발전적이다.

소동파는 『적벽부(赤壁賦)』에서 「서자여사(逝者如斯)」를 강물과 달에 비유하면서 변하지 않는 영원한 자연의 질서로 보았다.

흐르는 강물은 「서자여사(逝者如斯)」이지만, 다 흘러가버린 적은 결코 없으며, 달이 차고 지는 것 같지만 끝내 사라지거나 줄어드는 법이 없는 것이다. 변하는 쪽에서 보면 천지도 일순간이 못되지만, 변하지 않는 쪽에서 보면 만물과 내가 다함이 없는 것이다.(179)

소동파의 낙관적이고 긍정적인 생각이 참 좋다.

인간은 이기적인 동물이다. 자신이 죽으면 이 세상이 모두 끝나는 것으로 안다. 지금 세상이 내 것인 줄만 안다. 과거의 선인들이 우리에게 한 세상 깨끗이 물려주었듯이, 우리도 깨끗이 잘 쓰고, 고스란히 다음 세대에게 자리를 내 주어야 한다. 꽃 한 포기, 깨끗한 공기, 아름다운 강산, 대자연 이 모든 것이 내 것만은 아니지 않은가.

미래 세대가 이 세계에 곧 들어오려고 문 앞에서 기다리고 있는데, 방안 곳곳을 구질구질하게 청소도 하지 않고 비워준다면, 얼마나 파렴치한 일인가.

물은 너무나 흔하기 때문에 고마움을 종종 잊고 살고, 특별한 맛이 없는 담담함 때문에 좋지 않는 의미로 쓰일 때가 있다.

내가 물인가? 내가 봉인가라는 뜻이다.

물 쓰듯 하다.

물은 많은 미덕(美德)을 지니고 있다 하였다.

자공이 공자에게 군자들이 큰 강물을 보면 유심하게 바라보는 이유를 묻자, 물은 덕(德), 의(義), 도(道), 용(勇), 법(法), 정(正), 찰(察), 선화(善化)와 같은 미덕을 지니고 있기 때문이라 하였다.(180)

쉬지 않고 흘러가며 모든 생물을 길러 주면서도 자랑하지 않으니 덕(德)을 지녔다. 낮은 곳으로 흘러가는 이치를 따르니 의리(義)를 지녔다. 도도하게 흘러 다하는 때가 없으니 도(道)를 지녔다. 백 길이나 되는 골짜기를 돌아가면서도 두려워하지 않으니 용맹(勇)하다. 양이 많아지면 반드시 평평해지니 법(法)과 같은 특징을 지녔다. 아무리 가득 차더라도 기울어지지 않으니 정직(正)을 지녔다. 곱고 가늘고 미세한 것까지 통하니 명찰(察)한 것과 같다. 근원을 떠나서 동쪽으로만 가는 것은 의지(志)가 있다. 나아가기도 하고 들어가기도 하여 만물이 깨끗해지니 변화(善化)무쌍한 것이다.

노자 역시 물의 예찬론자다. 최고의 선(善)은 물과 같다 하여 「상선약수(上善若水)」라 하였다.

물은 그 선함이 만물을 이롭게 해주면서도 다투지 아니하고, 많은 사람들이 싫어하는 낮은 위치에 처하기 때문에 도(道)와 가깝다라고 하였다.(181)

인용 원문

(177)

공자가 냇가에 서서 말하였다.

"흘러가는 것이 이와 같구나. 밤낮으로 쉬지 않고 흐르는 구나."

子在川上, 曰: "逝者如斯夫! 不舍晝夜." (≪論語 · 子罕≫09.17)

(178)

"흐르는 물이 썩지 않고, 문지도리에 좀벌레가 먹지 않는 것은 멈추지 않고 움직이기 때문이다."

"流水不腐, 戸樞不蠹, 動也." (《吕氏春秋 · 盡数》)

(179)

객은 또한 저 강물과 달을 아는가? 흐르는 강물이 이처럼 흘러가지만, 일찍이 다 흘러가 버린 적이 없고, 달이 차고 지는 것이 저와 같지만 끝내 사라지거나 줄어드는 법이 없다. 변하는 쪽에서 보면 천지도 일순간이 못되지만, 변하지 않는 쪽에서 보면 만물과 내가 다함이 없는 것이다.

"客亦知夫水與月乎? 逝者如斯, 而未嘗往也, 盈虛者如彼, 而卒莫消長也. 蓋將自其變者而觀之, 而天地曾不能一瞬, 自其不變者而觀之, 則物於我皆無盡也." (蘇東坡, ≪赤壁賦≫)

(180)

공자가 동쪽으로 흘러가는 강물을 바라보고 있었다.

자공이 물었다.

"군자들이 큰 강물을 보면 유심하게 바라보는데, 그 이유는 무엇입니까?"

공자가 대답하였다.

"쉬지 않고 흘러가며 모든 생물을 길러 주면서도 그 덕(德)을 자랑하지 않기 때문에 물은 덕을 지닌 것과 같다. 낮은 곳으로 흘러가면서도 반드시 그 이치를 따르니 이것은 의리(義)을 지니고 있는 것과 같다. 또 넓고 넓은 것이 굽히고 도도하게 흘러 다하는 때가 없으니 도(道)를 지닌 것과 같다. 백 길이나 되는 골짜기를 돌아가면서도 두려워하지 않으니 용맹(勇)스러운 것과 같다. 양이 많아지면 반드시 평평해지니 법(法)과 같은 특징을 지닌 것과 같다. 아무리 가득 차더라도 기울어지지 않으니 정직(正)을 지닌 것과 같다. 곱고 가늘고 미세한 것까지 통하니 명찰(察)한 것과 같고, 근원을 떠나서 동쪽으로만 가는 것은 마치 의지(志)를 지닌 것과 같고, 나아가기도 하고 들어가기도 하여 만물이 깨끗해지니 변화(善化)무쌍한 것과 같다. 물의 덕이 이와 같은 까닭에 군자는 물을 만나면 반드시 오래 보게 되는 것이다."

孔子觀於東流之水.

子貢問曰: "君子所見大水必觀焉, 何也?"

孔子對曰: "以其不息, 且遍, 與諸生而不爲也, 夫水似乎德. 其流也則卑下倨邑, 必修其理, 此似義. 浩浩乎無屈盡之期, 此似道.

流行赴百仞之嵠而不懼, 此似勇. 至量必平之, 此似法. 盛而不求概, 此似正. 綽約微達, 此似察, 發源必東, 此似志. 以出以入, 萬物就以化絜, 此似善化也. 水之德有若此, 是故君子見必觀焉."
(《孔子家語·三恕》)

공자가 동쪽으로 흘러가는 강물을 바라보고 있었다. 자공이 물었다. "군자들이 큰 강물을 보면 유심하게 바라보는데, 그 이유는 무엇입니까?"
공자가 대답하였다.
"강물은 두루 여러 가지 생물들을 살아가게 하지만 아무런 작위도 가하지 않으니, 그것은 덕(德)이 있는 사람과 같다. 흐름은 낮은 곳으로 꾸불꾸불 흘러가지만 반드시 그 이치를 따르고 있으니, 의로운(義) 사람과 같다. 강물은 출렁출렁 다함이 없으니, 도(道)를 터득한 사람과 같다. 강물을 터서 흘러가게 한다면 그에 따른 빠른 흐름이 소리에 울림이 따르는 듯하고, 백 길의 골짜기로 흘러든다 하더라도 두려워하지 않으니 용감(勇敢)한 사람과 같다. 움푹한 곳으로 흘러들면 반드시 평평해지도록 흘러드니 법(法)을 잘 지키는 사람과 같다. 물이 찬 다음에도 위를 깍을 것도 없이 평평해지니 올바른 사람(正)과 같다. 유약하면서도 어디에나 숨어드니 잘 살피는(察) 사람과 같다. 그곳을 들락날락하면 깨끗해지니 잘 교화하는(善化) 사람과 같다. 강물은 이리저리 꺾이면서 흐르지만 결국은 반드시 동쪽으로 가니 마치 뜻이 굳건한(志) 사람과 같다."

孔子觀於東流之水. 子貢問於孔子曰: "君子之所以見大水必觀焉者, 是何?"

孔子曰: "夫水, 大徧, 與諸生而無爲也, 似德. 其流也則埤下, 裾拘必循其理, 似義. 其洸洸乎不淈盡, 似道. 若有決行之, 其應佚若聲響, 其赴百仞之谷不懼, 似勇. 主量必平, 似法. 盛不求概, 似正. 淖約微達, 似察. 以出以入, 以就鮮絜, 似善化. 其萬折也必東, 似志. 是故君子見大水必觀焉." (《荀子 · 宥坐》)

(181)

"최상의 선이란 물과 같은 것이다. 물의 선행은 만물을 이롭게 하지만 다투지 아니하고, 여러 사람들이 싫어하는 낮은 위치에 처하기 때문에 도에 가깝다할 수 있다."

"上善若水, 水善, 利萬物而不爭, 處衆人之所惡. 故幾於道." (≪老子≫제8장)

24. 한결같은 사람이 되라

色厲內荏 색려내임

속과 겉이 다른 사람이 되지 마라

「색려내임(色厲內荏)」은 겉으론 용감한 척 하지만, 사실상 겁쟁이거나 또는 겉과 속이 다른 「표리부동(表裏不同)」한 사람을 가리키기도 한다.

「색(色)」은 '안색'이나 상대방을 대하는 '외형적인 태도'이고, 「려(厲)」는 '사납다'·'심하다', 「내(內)」는 '속 마음'이나 '실질적인 행동거지 혹은 태도', 「임(荏)」은 본 식물 '들깨'를 가리키거나 '부드러운 모양'을 뜻한다. 외모는 다부지지만 마음은 무르거나, 겉으로는 강해 보이지만 안으로는 나약한 겁쟁이라는 뜻이다.

『논어』에서 「색려내임」은 자격도 없는 사람이 자리를 차지하고 있으면서, 자기의 무능함을 감추기 위해 얼굴에는 위엄있는 빛을 띄지만 조마조마하고 있음을 말한다. 또는 당시 위정자들이 엄숙하고 위엄있는 태도로 백성을 대하나 내심은 나약하기 그지없는 도둑과 같은 자들이라는 것을 풍자하던 말이다.

공자가 말하였다.

얼굴빛은 위엄이 있으나 마음이 나약한 것은 소인배에 비유하자면, 벽을 뚫고 담은 넘는 도적과 같은 것이다.(182)

「색려내임(色厲內荏)」은 우리가 잘 알고 있는 사자성어 「호가호위(狐假虎威)」, 「표리부동(表里不同)」, 「구시심비(口是心非)」와 비슷한 말이다.

「호가호위」는 여우가 호랑이의 힘을 빌려 거만하게 잘난 체하며 경솔하게 행동한다는 뜻으로, 남의 권세를 빌려 위세를 부림을 비유하는 말이다.

「표리부동」은 겉과 속이 다른 이중인격자를 말한다.

「구시심비」는 말로는 옳다하면서 마음 속으로는 그렇게 여기지 않는 것으로, 겉과 속이 다름을 말한다.

약자 앞에서는 강하고 강자 앞에서는 약해지는 사람이 되어서는 안된다. 진정으로 정의를 실현하려면 강자에게 강하고 약자는 오히려 감싸고 보살펴줘야 한다.

약한 자는 괴롭히고 강한 자 앞에서는 한없이 굽실대는 자를 공자는 가장 큰 욕설인 도적놈이라고 했다. 지금은 많이 사라졌지만 이전에, 불량배들이 자릿세라는 명분을 내세워 포장마차나 노점상에게서 돈을 빼앗고 행패를 부리곤 했다. 이런 자들은 경찰이나 상관 앞에서는 비겁하게 저자세를 취하곤 했다. 이러한 행위는 사람을 버젓이 앞에 두고 물건을 훔쳐가는 도둑과 같다.

대통령 친인척 비리가 끊임없이 터져 나온다. 즉 「호가호위」하여 사사로운 자신의 이익을 취한다. 권력에 빌붙어서, 그 권력을 이용하여 부당하게 자신의 재물을 늘리려 한다. 당장은 모두를 속일 것 같지만, 머지않아 꼭 들통이 난다. 바르게 행사되지 않은 권력이란 오래 가지 못한다는 것이 진리다.

욕심이 많으면 심신이 상하게 되고, 재물이 많으면 재물에 몸이 얽매여 근심걱정이 생기게 된다.(183) 청빈낙도(淸貧樂道)하면 항상 즐겁고 행복하지만 부당하게 얻은 부는, 재산을 늘리기는 커녕 근심걱정만 늘어나는 것이다.(184) 겉보기엔 대단한 사람인 줄 알았더니 아무것도 아니라는 말을 듣는 것보다, 솔직담백하게 자신의 진실한 모습을 보여주는 것이 오히려 보기 좋다.

알면 안다고 하고 모르면 모른다고 하는 것이 아는 것이듯,(185) 아는 척 하려다가 오히려 거짓말을 하게 되고, 어색한 행동을 하게 되어 인격적으로 손상을 입게 된다.

사람은 남에게 잘 보이기 위하여 꾸미기를 좋아한다. 몸치장은 남을 배려하는 일종의 예의범절일 수도 있으나 지나치면 남의 눈살을 찌푸리게 한다. 꾸밈 중에서도 자신에게 직접적인 피해가 오는 것은 바로 지식에 대한 위장이다. 모르면서 아는 척하는 것을 상대방이 금방 알게 되며 오히려 인격적으로 의심을 받게 된다.

「색려내임」한 사람은 남에게 잘 보이려고 그럴듯하게 꾸며대고 알랑거리는 「교언영색(巧言令色)」을 잘하고,(186) 권모술수에 뛰어나다.

「외유내강(外柔內剛)」은 겉으로는 부드럽고 순하나 속은 곧고 꿋꿋한 사람을 말한다. 한 두 번 대해보면 그 사람이 「외유내강」형인지, 「색려내임」형인지 바로 알 수 있다. 아부는 듣는 사람도 좋아하지 않는다.

인용 원문

(182)

공자가 말하였다.

"얼굴빛은 위엄이 있으나 마음이 나약한 것은 소인배에 비유하자면, 벽을 뚫고 담은 넘는 도적과 같다."

子曰: "色厲而內荏, 譬諸小人, 其猶穿窬之盜也與?"(《論語·陽貨》17.12)

(183)

"욕심이 많으면 정신이 상하게 되고 재물이 많으면 몸에 해를 끼친다."

"欲多傷神, 財多累身."(중국속담)

(184)

"청백하여 가난함은 항상 즐겁고, 부정한 수단으로 얻는 부는 근심이 많아진다."

"淸貧常樂, 濁富多憂."(≪周禮≫)

(185)

"아는 것을 안다고 하고, 모르는 것을 모른다 하는 것이 아는 것이다."

"知之爲知之, 不知爲不知, 是知也."《論語 · 爲政》02.17)

(186)

공자가 말하였다.

"말을 잘 꾸미고 알랑거리는 자 중에 인한 자가 드물다."

子曰: "巧言令色, 鮮矣仁."(≪論語 · 學而≫01.03)(≪論語 · 陽貨≫ 17.17)

25. 꿈을 버리지 마라

不可奪志 불가탈지

용기와 꿈을 꺾어서는 안된다

희망과 용기를 잃지 마라.
의지를 상실하면 죽은 목숨과 같다.
승패의 좌우는 자신감에 있다.

「불가탈지(不可奪志)」는 자신의 의지를 빼앗겨서는 안된다는 뜻이다. 「불가(不可)」는 '할 수 없다'는 뜻이고, 「탈(奪)」은 '탈취하다' · '빼앗다', 「지(志)」는 '의지'나 '자신의 뜻'을 말한다.

공자는 군대의 장수는 빼앗을 수 있지만, 설사 필부라도 그 의지를 빼앗아서는 안된다고 하였다.(187) 바꾸어 말하면 군대가 장수를 잃는 것보다 사람이 의지를 상실하는 것이 더 심각할 일이라는 것이다. 결코 의지가 꺾여서는 안된다는 뜻이다.

무너진 갱이나 건물에서 인간의 한계를 극복하고 구조된 사람들의 공통점이 있다. 그들에게는 살 수 있다는 희망이 있었다. '살 수 있다고 믿었습니다'.

할 수 있다는 의지, 이는 곧 자신감이다.

특히 스포츠에서 자신감은 매우 중요하다. 자신감이 없으면 몸이 긴장하기 때문에 스윙을 제대로 할 수 없어 좋은 공을 칠 수 없다. 자신감이 없으면 매끄럽지 못하고 움직임이 둔해진다.

행복은 자신감 있는 삶에 있다. 내 자신의 삶을 살고, 나만의 길을 가도 후회하지 않겠다는 신념이 있어야 한다. 자신의 삶을 살지 못하는 사람, 다른 사람의 기대에 부응하기 위해서만 살아온 사람은 성공을 해도 성취감을 느끼지 못한다. 자신감이 있는 사람은 실패를 해도 크게 낙심하지 않으며 후회하지 않는다.

거만하고 오만함을 자신감으로 착각하는 경우가 있다. '나는 다른 사람 신경 안 써'라며 막무가내로 행동하면서 이를 마치 자신감을 가지고 자신의 삶을 살기 때문이라고 착각하는 경우가 있다. 남을 배려하지 않는 오만한 행동은 사회의 악이 된다. 이런 사람은 다른 사람과 어울릴 수 없기 때문에 혼자 살 수밖에 없다.

사람에게 희망과 의지가 없다면, 삶은 무의미하게 된다. 하루하루 살아가는 것이 고통일 것이다. 왜 길을 걸어가는 줄도 모르면서 목적지도 없이 뜨거운 사막을 가고 있다고 생각해보라.

젊음은 아름답다. 청년의 아름다움은 실패와 에너지의 아름다움에 있다 하였다. 소년은 물보라 같은 꿈이 있어 아름답다 하였다. 젊음은 실패가 있어도 다시 일어설 수 있는 의지와 꿈이 있기 때문에 아름다운 것이다.

젊음에 너무 집착하면 노년이 추해진다. 노년이 추한 것은 젊음에 집착하기 때문이고 형태에 얽매이기 때문이다. 중년의 추함은 제대로 알지도 못하면서 아는 척 하는 것에 있다. 젊음의 추함, 청년의 추함은 건방과 오만함에 있다. 소년의 추함, 그것은 어른인 척 행세하는 어색함이다.(《열등감을 자신감으로 바꾸는 심리학》 중에서, 가토 다이조 지음/이정환 옮김)

큰 목표를 정하고 당당하게 나아가라. 당당하고 자신감 있는 모습이 가장 멋진 모습이다. 자신감이 없으면 어깨부터 움츠리게 된다. 하는 일은 효율이 떨어지고 진전이 없을 수밖에 없다.

강한 자신감을 가져라. 나는 할 수 있다는 자신감. 긴 레이스를 견딜 수 있는 큰 힘이다. 고난없는 축복은 없다.

"4년 전에는 죽기 살기로 해서 졌어요. 지금은 죽기로 해서 이겼어요. 그게 답입니다." 2012년 런던 올림픽에서 유도 금메달을 딴 김재범 선수가 한 말이다.

"고난의 운명을 지고, 역사의 능선을 타고, 이 밤도 허우적거리며 가야만 하는 겨레가 있다. 고지가 바로 저긴데 예서 말 수는 없다. 넘어지고 깨어지고라도 한 조각 심장만 남거들랑 부둥켜안고 가야만 하는 겨레가 있다." 학창시절에 외웠던 이은상의 '고지가 바로 저긴데'의 시구이다.

더 멀리 보려면 한 층 더 올라가야 하듯이,(188) 목적을 달성하기 위해서는 더 많은 노력을 하여야 한다.

산을 내려오는 등산객이 올라가는 등산객에게 '안녕하세요. 다 왔습니다'라고 한다. 우리는 빈말인 줄 알면서 올라갈 수 있는 힘과 의지를 얻는다. 주위 사람에게 한 마디 말로 힘을 주자. '고지가 바로 저깁니다. 다 왔습니다'.

인용 원문

(187)

공자가 말하였다.

"군대의 장수를 빼앗을 수 있지만, 설사 필부라도 그 의지를 빼앗을 수 없다."

子曰: "三軍要奪帅也, 匹夫不可奪志也." (≪論語 · 子罕≫09.26)

(188)

《登鸛雀楼》(唐 王之涣)

白日依山盡, 저녁해 산 넘어 사라지고,
黃河入海流. 황하는 아득한 바다로 흘러드네.
欲窮千里目, 눈 보이는 끝까지 천리를 보자면
更上一層樓. 한 층을 더 높이 올라야 하네.

26. 원수를 사랑하라

以直报怨 이직보원

원한을 정직함으로 갚아라

예수는 원수를 사랑하라 했다.
부처는 중생에게 자비를 베풀라 했다.
그렇다면 공자는 원수를 어떻게 대하라 했을까?
원한은 정직함으로 덕은 덕으로 갚으라 했다.

「이직보원(以直报怨)」 중 「이(以)」는 '~으로써', 「직(直)」은 '정직', 「보(報)」는 '보답하다', 「원(怨)」은 '원한' · '원수'의 뜻이다. 어느 날 어떤 사람이 공자에게 물었다. 어떤 사람이 원한을 은덕으로 갚으라 했는데, 어떻습니까?

공자가 말하였다. 무엇으로써 은덕에 보답하겠는가? 정직함으로 원수에 보답하고, 은덕은 은덕으로 보답하는 것이니라.(189)

「이덕보원(以德报怨), 원한을 은덕으로 갚으라」는 말은 노자가 한 말이다.

하지 않음(無爲)을 행하고, 일을 하지 않음(無事)을 하고, 맛 없음을 맛보아야 한다. 작은 것을 큰 것으로 여기고 큰 것은 작은 것으로 여기며 덕망으로 원한을 갚아야 한다. 어려운 일은 그것이 쉬울 때 처리하고 큰 일은 그것이 작을 때 처리하여야 한다. 이는 천하의 어려운 일은 반드시 쉬운 일에서 생겨나고 천하의 큰 일은 반드시 작은 일에서 생겨나기 때문이다. 그래서 성인은 큰 일을 하지 않고도 큰 일을 완성할 수 있는 것이다.(190)

노자는 덕으로써 원수를 갚으라 했는데, 공자는 정직함이나 의리로써 보답하라 했다. 노자의 생각은 예수와 석가와 같으나 공자의 견해는 이와 좀 다르다.

정직이란 올바름이다. 의리란 합리적인 것이다. 무조건 은덕으로 원수를 사랑하는 것이 아니라, 실질적인 상황에 맞게 대응하라는 것이다. 아무런 이유없이 막대한 잘못을 저지른 사람은 그 시대의 상황에 맞게 합리적으로 처리하면 된다는 것이다. 구약성서에 나오는 눈에는 눈 이에는 이가 아니라,(191) 형법에 맞게 한다고 할 수 있다.

군자는 덕을 그리워하고 소인은 영토를 넓히고자 하며, 군자는 형법을 그리워하고 소인은 혜택 받기만을 좋아한다 했다.(192)

군자는 잘못을 저지르면 그에 정당한 법적 처벌을 받으려 하지만, 소인은 잘못을 저지르고도 이를 어떻게 피해갈까만을 고민하여 인맥과 뇌물을 써서 법망을 벗어나려 한다.

『논어』의 '무엇으로써 은덕에 보답하겠는가?'라는 구절을 '그렇다면 은덕은 무엇으로 갚겠는가'와 연계시켜 '덕'은 '덕'으로 갚으면 되고, '직(直)'은 의리의 정직함이 아니라 '한 만큼 그대로'로 해석하여 '눈에는 눈 이에는 이'로 이해하기도 한다. 원수가 한 대로 그대로 하라.

그러나 이러한 이해는 『논어』의 정서와 맞지 않다.

공자는 인(仁)한 자는 능히 남을 좋아할 수도 있고 미워할 수도 있다 했다.(193) 성인도 남을 좋아하고 미워할 수 있는 것이다.

무조건적인 용서와 사랑은 오히려 죄의식을 무디어지게 할 수 있다. 피해를 입은 상대방의 고통을 올바르게 인식할 수 있도록 하는 적절한 조치가 필요하다.

공자는 덕 있는 사람은 외롭지 않으며, 반드시 이를 지지하는 이웃이 있다 하였다.(194) 덕이 있는 사람은 기꺼이 이웃을 배려하기 때문에 주위에 사람이 많이 모여든다.

덕이 있는 사람은 남이 잘 되도록 노력하는데,(195) 주위에 사람이 어찌 모여들지 않겠는가?

공자는 남을 대할 때 온화(溫), 선량(良), 공경(恭), 검약(儉)과 겸양(讓)으로 대했다.

> 자금(子禽)이 자공(子貢)에게 물었다. 공자가 어떤 나라에 도착하면 그 나라의 정치에 관하여 듣게 되는데 이것은 공자 선생님께서 요구하신 것입니까, 아니면 그 나라가 선생님에게 자진해서 들려드리는 것입니까?
>
> 자공이 말하였다.
>
> 선생님께서는 온화하고, 선량하고, 공손하고, 검약하고, 겸양함으로써 얻으신 것이니 다른 사람이 구하는 것과는 다르다.(196)

공자는 다른 사람과 접근법이 달랐다. 아첨을 하거나 뇌물을 주어서 가까이 다가가는 것이 아니다. 오만하고 거만한 것이 아니라, 남을 따뜻하게 배려해주고 높이 세워주기 때문에 상대방도 나를 더 따뜻하게 대해주고 더 높여 주는 것이다.

공자의 타인 대하는 태도는 각별하였다.

상복을 입고 있는 상주를 만나거나 예모와 예복을 입은 관리를 만났을 때, 혹은 장님을 만났을 때는 비록 나이가 어리더라도 반드시 일어났고 지나갈 때는 종종걸음으로 지나갔다.(197)

상복을 입은 상주를 만나면 슬픔을 같이 하고파 자리에서 일어나 위로하고, 나라 일을 돌보는 관리를 만나면 존경하는 마음에 자리에서 일어나 그들의 노고에 감사하였으며, 장님을 만나면 일어나 자리를 인도하고 길을 인도하였다. 또한 그들의 앞을 지나갈 때는 그들에게 방해가 되지 않기 위하여 종종걸음으로 빨리 지나갔다.

「음덕양보(陰德陽報)」,(198) 덕을 베풀면 그 덕은 두 배 세 배로 되돌아온다. 내가 존경하는데 남이 나를 존경하지 않겠는가? 남을 배려하면 오히려 내가 편해지는 것이다.

인용 원문

(189)

어떤 사람이 물었다.

"은덕으로 원수에 보답하는 것은 어떻습니까?"

공자가 말하였다.

"무엇으로써 은덕에 보답하겠는가? 원한은 정직으로 보답하고, 은덕으로써 은덕에 보답하는 것이다."

或曰: "以德報怨, 何如?' 子曰: "何以報德? 以直報怨, 以德報德." (《論語 · 憲問》14.34)

(190)

"하지 않음(無爲)을 행하고, 일을 하지 않음(無事)을 하고 맛 없음을 맛보아야 한다.

작은 것을 큰 것으로 여기고 큰 것은 작은 것으로 여기며 덕망으로 원한을 갚아야한다.

어려운 일은 그것이 쉬울 때 처리하고 큰 일은 그것이 작을 때 처리하여야 한다.

이는 천하의 어려운 일은 반드시 쉬운 일에서 생겨나고 천하의 큰일은 반드시 작은 일에서 생겨나기 때문이다.

그래서 성인은 큰 일을 하지 않고도 큰 일을 완성할 수 있는 것이다."

"爲無爲, 事無事, 味無味. 大小多少, 報怨以德. 圖難於其易, 爲大於其細, 天下難事, 必作於易, 天下大事, 必作於細. 是以聖人終不爲大, 故能成其大."《老子》六十三章)

(191)
눈에는 눈, 이에는 이.

"以眼還眼, 以牙還牙."(≪구약성서≫)

(192)
"군자는 덕을 그리워하고 소인은 땅을 그리워 하며, 군자는 형법을 그리워하고 소인은 은혜를 그리워한다."

子曰: "君子懷德, 小人懷土. 君子懷刑, 小人懷惠."(≪論語·里仁≫04.11)

(193)
공자가 말하였다.
"오직 인자만이 남을 좋아할 수도 있고, 남을 미워할 수도 있다."

子曰: "唯仁者, 能好人, 能惡人."(≪論語·里仁≫04.03)

(194)
공자가 말하였다.
"덕 있는 사람은 외롭지 않다. 반드시 이웃이 있다."

子曰: "德不孤, 必有鄰."(《論語·里仁》04.25)

(195)

공자가 말하였다.

"군자는 남의 아름다움을 이루어주고 남의 나쁜 점은 이루어지지 않게 하지만, 소인은 이와 반대다."

子曰："君子成人之美，不成人之惡．小人反是．"(《論語 · 颜淵》12.16)

(196)

자금(子禽, 陳亢)이 자공(子貢, 端木賜)에게 물었다.

"夫子가 어떤 나라에 도착하면 그 나라의 정치에 관하여 듣게 되는데 이것은 공자 선생님께서 요구하신 것입니까, 아니면 그 나라가 선생님에게 자진해서 들려 드리는 것입니까?"

자공이 말하였다.

"선생님께서는 온화하고, 선량하고, 공손하고, 검약하고, 겸양함으로써 얻으신 것이니 다른 사람이 구하는 것과 다릅니다."

子禽問於子貢曰："夫子至於是邦也，必聞其政，求之與，抑與之與？"

子貢曰："夫子溫 · 良 · 恭 · 儉 · 讓以得之．夫子之求之也，其諸異乎人之求之與？"(≪論語 · 學而≫01.10)

(197)

"공자께서는 상복을 입고 있는 상주, 예모와 예복을 입은 관리, 혹은 장님을 만나면, 비록 나이가 어리더라도 반드시 일어났고, 지나갈 때는 종종걸음으로 지나갔다."

“子見齊衰(자최)者, 冕衣裳者與瞽者, 見之, 雖少, 必作. 過之, 必趨.”(≪論語 · 子罕≫09.10)

(198)

“남이 모르게 덕행을 쌓으면, 후에 그 보답을 저절로 받게 된다.”

「음덕양보(陰德陽報)」.

27. 노심초사하지 마라

患得患失 환득환실

있으면 있어서 걱정하고, 없으면 없어서 걱정한다

「환득환실(患得患失)」의 「환(患)」은 '걱정하다', 「득(得)」은 '얻다', 「실(失)」은 '잃다'의 뜻이다. 즉 「환득환실(患得患失)」은 '얻는 것을 걱정하고 잃는 것을 걱정한다'는 뜻이다.

「환득환실」은 『논어』에서는 나라를 섬기는 일에 대한 내용이지만, 현재는 모든 일에 있어 있으면 있는대로 걱정, 없으면 없는 대로 노심초사 (勞心焦思)함을 뜻한다.

능력이 없는 비천한 사람은 자리에 급급하기 때문에, 자리를 얻기 전에는 자리를 얻지 못할까 걱정하고, 자리를 얻고 나면 능력이 없기 때문에 그 자리를 잃을까 전전긍긍한다. 또한 자리를 잃을까 하는 걱정에, 잃지 않기 위해서 무슨 짓인든 하는 것이다.(199) 공자가 한 말이다.

사람은 이해득실이 있으면 마음의 평정심을 잃게 된다.

중국 고대에 활의 신사(神射, 활의 신) 후예(后羿)가 있었다. 어떤 동작으로 쏘던 백발백중이었다. 하나라 왕이 이 소문을 듣고 직접 눈으로 확인하고 싶었다.

"경쟁자가 없다고 방심하지 마시오. 만약에 과녁의 중심을 맞추면 황금 2만냥을 하사할 것이오, 그렇지 않으면 1천호의 봉지를 삭감하겠소."

후예는 한 발도 적중하지 못했다. 하나라 왕은 크게 실망하였다.

"천하의 명사수라고 하지 않았던가? 그리고 2만냥을 상금으로 주겠다고 하지 않았는가 상금이 싫단 말인가?"

"백발백중 명사수가 틀림없습니다. 이전에 제가 직접 눈으로 확인한 적이 있습니다. 평상심을 잃으면 신사(神射)도 예외가 아닌 것입니다. 상금과 봉지가 걸려 있는데 어느 누가 흔들리지 않겠습니까?" 신하가 말하였다.

「심사숙고」와 「환득환실」은 다르다. 「심사숙고」는 일의 전후 상황을 분석하여 신중하게 처리함을 말하고, 「환득환실」은 일을 처리하기 전에도 노심초사하고, 일을 마친 후에도 초조하고 불안해하고 걱정하는 것을 말한다.

가난이 지겹던 사람이 열심히 노력하여 창업을 하여 상당한 돈을 벌었다. 그러나 그는 상당히 풍족해졌음에도 불구하고, 평안해지기는 커녕 망하면 어쩔까, 도둑이 들면 어쩔까, 온갖 걱정에 스트레스가 만만치 않았다. 결국 그 걱정으로 인해 쓰러진 사람을 주위에서 찾아볼 수 있다.

2009년 영국의 신경제재단(New Economics Foundation)에서 세계의 행복지수(Happy Planet Index, HPI)를 발표하였는데, 코스타리카가 1위, 도미니카 공화국이 2위, 자메이카가 3위, 우리나라는 68위였다.

행복은 가진 것이 있고 없음에 있는 것이 아니라 「지족상락(知足常樂)」에 있다.(200) 행복지수는 경제수준은 낮더라도 순박하고 만족할 줄 아는 삶을 사는 민족이 훨씬 높다.

있어도 행복하지 않다면 차라리 없는 것만 못하다. 분수를 알고 무리한 욕심을 내지 않으면 충분히 즐거운 삶을 누릴 수 있다.

복권을 사서 일확천금을 한 사람이 왜 더 불행해질까. 가지고 있어도 누리는 방법을 모르기 때문이다. 갑자기 졸부가 되었기 때문에, 걱정만 하지 해결할 수 있는 지혜가 없기 때문이다.

사냥꾼들이 원숭이를 사냥할 때, 바위틈에 조그만 구멍을 뚫고 원숭이가 좋아하는 땅콩을 넣어 놓는다. 원숭이는 손으로 땅콩을 한 줌 잡고, 사냥꾼이 다가가도 땅콩을 손에서 놓지 않으려 해 결국 손을 빼지 못하고 잡히게 된다. 원숭이는 땅콩 한 줌의 욕심 때문에 자신의 목숨을 잃는다.

원숭이만 어리석은가, 인간도 마찬가지다.

톨스토이의 『사람에게는 얼마만큼의 땅이 필요한가』라는 작품이 있다. 주인공 파흠은 하루 동안 돌아다니며 표시만 하면 그 땅이 자신의 땅이 될 수 있는 기회가 있었다. 파흠은 더 많은 땅을 차지하고 싶어 너무 멀리까지 갔다가 지쳐서 죽게 되고, 그가 차지하게 되는 땅은 결국 제 몸 하나 누울 2미터도 안되는 구덩이었다.

공자는 안연이 한 그릇의 밥과 한 바가지 물로 배를 채워도 자족하며 자신의 삶을 즐겁게 살았기에 안연에게 감탄하였다.(201) 욕심없는 마음이 가장 부유하게 사는 최상의 방법이다.

인용 원문

(199)

공자가 말하였다.

"비천한 사람과 함께 일을 할 수 있는가? 벼슬을 얻기 전에는 얻을 것을 걱정하고, 이를 얻고 나서는 잃을까 걱정한다. 만약에 자리를 잃을까 걱정이 되면 못하는 짓이 없게 된다."

子曰: "鄙夫可與事君也與哉? 其未得之也, 患不得之. 既得之, 患失之. 苟患失之, 無所不至矣." (≪論語 · 陽貨≫17.15)

(200)

"만족할 줄 알면 늘 즐거울 수 있다."

"知足常樂."(≪老子≫)

(201)

공자가 말하였다.

"훌륭하도다 회(回)는. 한 그릇의 밥과 한 바가지의 물로 가난한 마을에서 살면 다른 사람들은 그 근심을 견디지 못한다. 그런데 안회는 그렇게 살면서도 자신의 즐거움을 바꾸지 않으니 훌륭하도다 회(回)야."

子曰: "賢哉回也, 一簞食, 一瓢飮, 在陋巷, 人不堪其憂, 回也不改其樂. 賢哉回也." (≪論語 · 雍也≫06.11)

28. 죽을 때까지 힘써라

死而後已 사이후이

끝까지 노력하고 죽은 후에 그만둔다

「사이후이(死而後已)」는 '죽은 후에야 그만둔다'는 뜻이다. 죽을 때까지 최선을 다한다는 뜻이다. 「이후(而後)」는 '이후(以後)'와 같은 뜻이고, 「已(이)」는 '그만두다'·'그치다'의 뜻이다.

『논어』에서 「사이후이」는 증자(曾子)가 '인(仁)'을 실천하기 위해서는 최선을 다해야 한다는 의미로 쓰인다.

증자가 말하였다. 선비는 반드시 도량이 넓고 의지가 굳어야한다. 이는 임무가 막중하고 갈 길이 멀기 때문이다. 인의 실천을 자신의 임무로 삼기 때문에 책임이 막중한 것이다.

죽은 후에야 그만 둘 수 있으니 갈 길이 먼 것이다.(202)

'인(仁)'을 실천하고 덕을 밝히는 것이 도(道)이다. 인을 깨우치는 것이야 말로 유가의 지상최고의 목표이다. 그래서 공자는 아침에 도를 깨우치면 저녁에 죽어도 좋다 하였다.(203)

전쟁터에서는 죽기로 싸워야 살아남을 수 있다. 이순신(李舜臣)과 『오자병서(吳子兵書)』는 죽기로 작정하면 반드시 살 것이고 살기로 작정하면 반드시 죽을 것이라 하였다.(204) 죽음이 무서워

벌벌 떨며 적군에 응전하지 못한다면 이 전쟁은 필패(必敗)다.

제갈량은 삼가 온 힘을 다하다가 죽은 뒤에야 그만둘 것이라며, 「국궁진췌, 사이후이(鞠躬盡瘁, 死而後已)」라 하였다.(205)

「국궁진췌(鞠躬盡瘁)」는 '자신의 모든 것을 다 바친다'라는 뜻이다. 「국(鞠)」은 '삼가 몸을 굽히다', 「궁(躬)」은 '몸' · '자신'으로,「국궁(鞠躬)」은 '삼가 자신의 몸을 굽혀 공손하게'의 뜻이다. 「진(盡)」은 '사력을 다하다'이며, 「췌(瘁)」는 '몸이 여위어지다'로, 「진췌(殄瘁)」는 '몸이 여위어질 정도로 사력을 다하다'의 뜻이다.

2012년 7월 24일 오후2시에 이명박 대통령은 대국민 사과에서 국정현안에 최대한 집중하겠다는 의지로 '사이후이하겠다'고 밝혔다.

'근자에 제 가까운 주변과 집안에서 불미스런 일들이 일어나 국민 여러분께 큰 심려 끼쳐 드린 점을 고개 숙여 사과드린다. 제 가까이에서 참으로 실망을 금치 못하는 일들이 일어났으니 생각할수록 억장이 무너져 내리고 차마 고개를 들 수 없다. 이제 와서 누구를 탓할 수 있겠나. 모두가 제 불찰이다. 어떤 죄책도 달게 받아들이겠다. …… 오직 겸허한 마음가짐과 사이후이(死而後已)의 각오로 더욱 성심을 다해 일하겠다.'

친형인 이상득 전 의원이 구속되기 직전에 기습적으로 발표한 사과문이다. 최선을 다하겠다는 뜻으로 '사이후이'라는 사자성어를 썼겠지만, 어쩐지 마음에 들진 않는다.

소인은 용서 받기를 좋아하지만, 군자는 법대로 하는 법이다.(206)

우선 '사(死)'자, 죽음이란 단어가 있어 마음에 들지 않는다. 죽음이란 멸망과 파괴를 뜻한다. 국가의 운명과도 같은 중요한 사안을 결정하는 위정자가 파멸의 단어, '사(死)'를 썼다는 것이 자꾸 마음에 걸린다. 또한 죽기 이전까지는 어떤 식으로든지 계속해서 국정에 관여하겠다는 건가!

또한 전 위정자의 죽음이 떠올라서 싫다.

나라를 위하는 마음을 어찌 제갈량과 비교하겠는가. 출사표를 읽어봐라. 구구절절 가슴 속 깊은 곳에서 사무쳐 올라오는 진심어린 충성심으로 가득 차 있다.

'신이 명을 받은 이래로 이른 아침부터 늦은 밤까지 근심하고 힘써 일하며, 선제(유비)께서 맡기신 임무를 이루지 못해 선제의 밝은 은총을 훼손시킬까 두려워했습니다.'(207)

그래서 차라리 삼가 겸손하게 최선을 다해 열심히 일하겠다는 「국궁진췌(鞠躬盡瘁)」라는 단어를 쓰는 것이 훨씬 어울린다.

인용 원문

(202)

증자가 말하였다.

"선비는 도량이 넓고 뜻이 굳세지 않으면 안된다. 책임이 무겁고 길이 멀기 때문이다. 인을 자기의 임무로 삼으니 또한 무겁지 아니한가? 죽은 뒤에야 끝나는 것이니 또한 멀지 아니한가?"

曾子曰: "士不可以不弘毅, 任重而道遠. 仁以爲己任, 不亦重乎? 死而後已, 不亦遠乎?" (≪論語 · 泰伯≫08.07)

(203)

공자가 말하였다.

"아침에 도를 깨치면 저녁에 죽어도 좋다."

子曰: "朝聞道, 夕死可矣." (≪論語 · 里仁≫04.08)

(204)

"죽고자 하면 살고, 살고자 하면 죽는다."

"必死卽生, 必生卽死." (李舜臣).

"죽고자 하면 살고, 살 수 있을까 요행을 바라면 죽는다."

"必死則生, 幸生則死." (≪吳子兵書≫)

(205)

"모든 일이 이러해서 예측하기 어렵습니다. 신은 나라를 위하여 온 힘을 다하다가 죽은 뒤에야 그만둘 것입니다. 일의 성공과 실패, 이익과 손해에 대해서는 신이 예측할 수 있는 일이 아닙니다."

"凡事如是, 難可逆見. 臣鞠躬盡瘁, 死而後已. 至於成敗利鈍, 非臣之明所能逆睹也." (諸葛亮, ≪後出師表≫)

(206)

"군자는 덕을 생각하지만 소인은 땅을 생각하고, 군자는 법대로 하고자 하나, 소인은 혜택 받기만을 원한다."

"君子懷德, 小人懷土. 君子懷刑, 小人懷惠." (≪論語 · 里仁≫ 04.11)

(207)

"신이 명을 받은 이래로 이른 아침부터 늦은 밤까지 근심하고 힘써 일하며, 선제(유비)께서 맡기신 임무를 이루지 못해 선제의 밝은 은총을 훼손시킬까 두려워했습니다."

"受命以來, 夙夜憂嘆, 恐托付不效, 以傷先帝之明. (諸葛亮, ≪前出師表≫)

29. 친구에게서 배워라

見賢思齊 견현사제

나보다 나은 사람을 닮고자 하라

「견현사제(見賢思齐)」는 현인을 보면 그와 같아지기를 생각한다는 뜻이다. 「견현(見賢)」은 '현명하고 어진 자를 대면하다'의 뜻이다. 「사(思)」는 '생각하다', 「제(齊)」는 '같다' · '가지런하다'로 「사제(思齊)」는 '나란히 될 것을 생각하다'의 뜻이다.

공자는 어진 이의 행동을 보면 그와 같아지기를 바라고, 어질지 못한 자의 행동을 보면 마음속으로 스스로 반성해야 한다고 하였다.(208)

현명한 사람을 보면 내 자신도 그 사람과 같이 훌륭한 사람이 되겠다고 생각하고, 만약에 어질지 못한 사람을 보면 나는 어떤 사람인가 하고 반성해야 한다. 어질지 못한 자를 만나면 「반면교사(反面教師)」(209)의 효과로 삼을 수 있으며, 「타산지석(他山之石)」이 되는 것이다.(210)

혼자 배우고 친구가 없으면 견문이 좁아지고 학식이 천박해지기 때문에,(211) 군자는 친구들과 함께 토론을 하고 학습을 한다 하였다.(212)

친구를 사귀는 방법은 어렵지 않다. 벗에게 믿음을 주고, 벗을 공경하면 된다.

현인을 존경하고 미색을 경시하고, 정성을 다하여 부모님을 섬기고, 몸을 바쳐 임금님을 받들며, 친구와 교제할 때 언행에 믿음을 줄 수 있다면, 이런 사람이 배운 사람이다.(213) 『논어』에서 자하가 한 말이다.

우리에게는 여러 벗들이 있다.

석우(石友): 돌과 같이 변치 않는 벗.
사우(死友): 죽어도 변치 않는 벗.
지우(摯友): 의기가 투합하고 지향하는 바가 같은 친구. 진실한 벗.
소우(素友): 꾸밈이 없는 진실한 소박한 친구. 오래 된 옛 벗.
손우(損友): 사귀어서 곤란한 지경에 이르거나 이롭지 못한 벗.
쟁우(諍友): 솔직하게 직언하는 벗.
익우(益友): 도움이 되는 벗. 이로운 벗.
맹우(盟友): 맹약을 맺은 벗.
문우(文友): 시문으로 사귄 글 벗.
밀우(密友): 매우 친한 가까운 벗.
규우(閨友): 은밀한 밀담을 나누는 벗.
필우(筆友): 서신을 나누는 벗.
항우(恒友): 변치않는 영원한 벗.
망년지교(忘年之交): 나이를 가리지 않고 벗으로 사귐 혹은 벗.
망형지교(忘形之交): 남녀 상관없이 사귐 혹은 벗.
군자지교(君子之交): 군자의 사귐.
막역지교(莫逆之交): 서로 뜻이 맞고 허물없는 친한 사귐 혹은 벗.

문경지교(刎頸之交): 서로 죽음을 대신할 수 있는 막역한 사귐 혹은 벗.
저구지교(杵臼之交): 귀천을 구별하지 않는 사귐.
빈천지교(貧賤之交): 가난하고 어려울 때 가까이 사귐 혹은 벗.
포의지교(布衣之交): 벼슬에 나아가기 전의 사귐 혹은 벗.
환난지교(患難之交): 고난을 같이 한 사귐 혹은 벗.
지우(至交): 가장 친한 벗.
세교(世交): 2대 이상의 교분. 대대로 교분이 있는 사람이나 집안.
고교(故交): 오래 사귄 벗.
일면지교(一面之交): 한 두 번 만난 사귐 혹은 벗.
시도교(市道交): 상인들처럼 이해 관계에 의한 교제.
소인지교(小人之交): 소인배들의 사귐
지교(知交): 나를 알아주는 절친한 벗.
금란지교(金蘭之交): 형제같은 절친한 사귐 혹은 벗.
죽마지교(竹馬之交): 죽마고우(竹馬故友), 어릴 때부터 놀며 자란 친한 벗.
재세지교(再世之交): 부자 양대에 걸친 사귐.
금석지교(金石之交): 금석과 같은 절친한 사귐 혹은 벗.
평석지교(平昔之交): 옛날에 사귄 벗.
폐부지교(肺腑之交): 진심으로 사귄 벗.
시문지교(詩文之交): 시문을 논하는 사귐 혹은 벗.
관교(款交): 깊게 사귐 혹은 벗.

나는 어떤 친구인가? 나는 혹시 '손우'가 아닐까? 친구에게 도움이 되지 못하고 손해만 끼치는 귀찮은 친구. 가슴에 손을 대고

한 번 진지하게 생각해 볼 일이다.

사마우(司馬牛)는 형제들이 뿔뿔이 사방으로 흩어져 같이 있지 못하게 되자, 다른 사람은 모두 형제가 있는데 나만 형제가 없다고 걱정스러워 했다. 그러자 자사가 말하였다. "매사에 조심하며 실수를 하지 않고 남을 존경하고 예의를 갖추면, 천하에 있는 모든 사람이 나의 벗이고 형제인 것이다."(214)

마음만 열면 모두 친구인데, 마음을 닫기 때문에 너는 내편이 아니고 친구가 아닌 것이다.

소식(蘇軾, 1036-1101)은 아버지 소순(蘇洵) 동생 소철(蘇轍)과 함께 중국 송대(宋代)의 천재 문학가이자 예술가였다. 「인이위기임(仁以爲己任, 인을 실천하는 것이 자신의 임무)」인 당당한 군자들이 모두 그랬던 것처럼, 소식 역시 소인배들의 질투와 당시의 황제 신종(神宗), 왕안석(王安石) 변법(變法)과의 거침없는 충돌로 일생을 유배생활로 보냈다. 소식은 「당인불양(當仁不讓)」, 「호연지기(浩然之氣)」의 호쾌한 정정당당한 성격이라 약한 자에게는 한없이 약했으며 강한자의 불의에는 「살신성인(殺身成仁)」하여 죽음의 고비를 몇 번이나 넘겼다. 그러나 그는 자신이 맡은 지역을 가장 잘 다스리고 후에 백성들이 가장 그리워했던 중국 정치가 중의 한 명이기도 하다.

소식은 호쾌한 성격에 친구 사귀기를 매우 좋아하였다. '위로는 옥황상제와 사귀고, 아래로는 빈민가의 거지까지도 사귈 수 있다'고 하였다. 이런 그의 친구 사귐에, 내성적인 동생 소철(蘇轍)은 몸조심할 것을 권했다. 그러나 소식은 '이게 나의 단점이기도 하지만, 이 세상에 나쁜 사람은 하나도 없더라'라 했다.(215) 그래서 소식의 부인 王氏(王弗)는 손님이 왔다가면 병풍 뒤에서 듣고 있다가 소식 대신 사람을 평가해 주었다.

자신의 의견을 말하지 않으니 의지가 굳지 않은 사람일 것이고, 아부를 하니 필요할 때만 사귈 것이고 필요치 않으면 금방 돌아설 것이며, 남을 비방하기를 좋아하니 시기심이 많은 사람이라 하였다.(216)

천진난만한 사람은 복잡한 사회생활에 종종 속을 수도 있겠지만, 이해득실에 따라 친구를 사귄다면 얼마나 답답하겠는가. 군자는 「군이부당(群而不黨, 두루 같이 하지 끼리끼리 놀지 않는다)」라 하였다.

소식은 '하늘을 우러러 한 점의 부끄러움이 없고, 땅을 굽어 남에게 부끄럽지 않으니',(217) 이 세상 어느 하나 품지 못할 것이 없었을 것이다. 그래서 '매사에 경건한 마음으로 친구를 존중하고 아끼고 예의를 갖추면, 천하에 있는 모든 사람이 나의 벗이고 형제인 것이다'라 하였다.

소식의 눈은 부처님의 눈이었으니 부처님만 보였을 것이다.

인용 원문

(208)

공자가 말하였다.

"어진 이의 행동을 보고는 그와 같아지기를 생각하고 어질지 못한 행동을 보면 속으로 자신을 돌아본다."

子曰: "見賢思齊焉, 見不賢而內自省也."(≪論語 · 里仁≫04.17)

(209)

「반면교사(反面教師)」

"본이 되지 않는 남의 말이나 행동이 도리어 자신의 인격을 수양하는 데 도움을 주는 경우를 이르는 말이다."

(210)

「타산지석(它山之石)」은 「它(他)山之石 可以攻玉」(≪詩經 · 小雅 · 鶴鳴≫)에서 나온 말이다. 남의 산에 있는 돌이라도 나의 옥을 다듬는 데에 사용이 된다는 뜻으로, 다른 사람의 하찮은 언행 또는 허물과 실패까지도 자신을 수양하는 데 도움이 된다는 말이다.

(211)

"혼자 배우고 친구가 없으면 견문이 좁아지고 학식이 천박해진다."

"獨學而無友, 則孤陋寡聞." (≪禮記 · 學記≫)

(212)
"군자는 친구들과 강습한다."

"君子以朋友講習."(《周易 · 兌卦 · 象傳》)

(213)
자하(卜商)가 말하였다.
"현인을 존경하고 미색을 경시하고, 정성을 다하여 부모님을 섬기고, 몸을 바쳐 군주를 섬기고, 친구와 교제할 때 언행에 믿음이 있다면, 비록 배우지 않았다 하더라도 나는 반드시 그를 배운 사람이라 평하겠다."

子夏曰: "賢賢易色, 事父母能竭其力, 事君能致其身, 與朋友交, 言而有信, 雖曰未學, 吾必謂之學矣."(≪論語 · 學而≫01.07)

(214)
사마우(司馬牛)가 걱정하면서 말하였다. "다른 사람은 모두 형제가 있는데 나만 형제가 없다."
자사가 말하였다.
"내가 들으니, 생과 사는 천명에 달려 있는 것이고, 부귀는 하늘에 달려 있는 것이다. 군자는 매사에 경건한 마음으로 조심하면서 실수를 하지 않으며, 남을 존경하고 예의를 갖추면, 천하에 있는 모든 사람이 나의 벗이고 형제인 것이다. 군자가 어찌 형제 없음을 걱정하는가?"

司馬牛憂曰: "人皆有兄弟, 我獨亡."

子夏曰: "商聞之矣. 死生有命, 富貴在天. 君子敬而無失, 與人恭而有禮, 四海之内, 皆兄弟也. 君子何患乎無兄弟也?"(≪論語·顔淵≫12.05)

(215)

소식은 현인이 아니고 품행이 좋지 않더라도 이에 상관없이 모든 사람들과 매우 즐겁게 교류하였다.

"나는 위로는 옥황상제와 함께 할 수 있고, 아래로는 빈민가의 거지들과 함께 놀수 있다." 소식이 말했다.

동생 소철은 성격이 내성적이어서 친구를 가려서 사귀었다. 동생 소철이 형 소식에게 가려서 친구를 사귈 것을 권하자, 소식이 대답했다.

"내가 보기에는 천하에 좋지 않은 사람이 하나도 없더라. 하지만 어쨌든 이게 내 단점이다."

蘇子瞻汎愛天下士, 無賢不肖, 歡如也.

嘗言: "上可陪玉皇上帝, 下可以陪卑田院丐兒."

子由晦默少許可, 嘗戒子瞻擇友.

子瞻曰: "眼前见天下無一個不好人, 此乃一病."

(宋 高文虎, ≪蓼花洲閑錄≫)

(216)

내가 풍상현 관아에서 관직 일을 보고 있을 때 처가 따라와 있었는데, 밖에서 일어난 모든 일들은 자세히 물어 보곤 하였다.

"부모와 멀리 떨어져 있으니 모든 일을 신중하게 처리하지 않으면 안될 것입니다."

아버님께서 분부하신 말씀으로, 상황에 따라 나를 매일 주의시키고 환기시켜주었다.

내가 외부 객실에서 손님과 나누는 대화를 병풍 뒤에서 듣고선, 안으로 들어가면 반복해서 말하였다.

"그 사람은 이것도 저것도 아닌 주관없는 사람입니다. 당신의 비위를 맞추기만 하는데, 이런 사람과 의견을 나눈들 무슨 소용이 있겠습니까?"

한번은 어떤 사람이 방문하여 나와 좋은 친구가 되기 원하였다.

"아마 이 사람과는 오래 가지 못할 것입니다. 이렇게 빨리 쉽게 친해지는 친구는 당신을 배반하고 헤어지는 것도 아마 빠를 것입니다."

후에 정말 이와 같았다.

從軾官于鳳翔, 軾有所爲于外, 君未嘗不問知其詳. 曰: "子去親遠, 不可以不愼." 日以先君之所以戒軾者相语也. 軾與客言于外, 君立屛間聽之, 退必反覆其言曰: "某人也, 言輒持两端, 惟子意之所向, 子何用與是人言?" 有來求與軾親厚甚者, 君曰: "恐不能久. 其與人锐, 其去人必速." 已而果然.(蘇軾, 《亡妻王氏墓志銘》).

(217)

맹자는 말하였다.

"군자에게는 세 가지 즐거움이 있다. 천하에 왕노릇 하는 것은 포함되지 않는다.

부모가 모두 생존해 계시고 형제가 무고한 것이 첫 번째 즐거움이다.

우러러 하늘에 부끄럽지 않고, 굽어 아래를 살펴보아 남에게 부끄럽지 않은 것이 두 번째이다.

천하의 영재를 얻어 교육하는 것이 세 번째 즐거움이다.

군자에게는 이 세 가지 즐거움이 있는데, 왕 노릇하는 것은 포함되지 않는다."

孟子曰:

"君子有三樂, 而王天下不與存焉. 父母俱存, 兄弟無故, 一樂也.

仰不愧於天, 俯不怍於人, 二樂也.

得天下英才而教育之, 三樂也.

君子有三樂, 而王天下不與存焉." (《孟子 · 盡心上》)

30. 새로운 것을 추구하라

溫故知新 온고지신

배운 것은 복습하고, 새로운 지식을 추구하라

「온고지신(溫故知新)」. 귀가 닳도록 들어온 말이다. 「온(溫)」은 '복습하다', 「고(故)」는 '이전에 배운 것', 「지신(知新)」은 '새로운 것을 알다'의 뜻이다. 이전에 배운 내용을 익히고, 이를 통하여 새로운 지식을 알아가는 것을 말한다.

공자는 「온고지신」하면 스승이 될 수 있다 하였다.(218)

「온고」는 『논어』 첫 구절에, 배우고 때때로 그것을 복습하는 것은 기쁜 일이라 한 의미와 같다.(219) 배운 것을 복습한다는 것은 스승님의 가르침을 실천하고 이를 응용하여 새로운 것을 추구하기 위한 발판을 마련하는 것이다.

공자는 배우기만 하고 사고를 하지 않으면 학문이 체계를 이루지 못하고, 사색만 하고 배우지 않으면 오류나 독단에 빠질 위험이 있다 하였다.(220)

배우고 사고한다는 것은 배운 것을 복습하고 이를 정리하고 체계화하여 완전히 자신의 것으로 확립하는 과정을 말한다. 배운다는 것은 선인들이 오랜 세월에 걸쳐 연마한 훌륭한 경험을 자신이 간접 경험하는 것이다. 이 경험에는 고통의 눈물과 세월의 아픔이 녹아있다. 이러한 경험을 가슴으로 받아 들이지 않으면서 머리로만 생각하기 때문에 아집과 독단에 빠지게 된다.

「절차탁마(切磋琢磨)」는 시경(詩經) 위풍(衛風)의 '기수의 물굽이(淇澳)'라는 시구에 나오는 말이다.(211)

뼈나 뿔로 물건을 만드는 사람들이 톱으로 자를 때나 대패로 밀 때처럼 정성스럽게 학문을 연마하고, 옥이나 돌로 물건을 만드는 사람들이 망치로 쪼을 때나 모래로 갈 때처럼 정성껏 수양을 해야 한다는 뜻이다.

「절차탁마」 해야 「지신(知新)」, 새로운 것을 알 수 있는 것이다.

자공이 스승 공자에게 여쭈었다.

> 가난하면서도 아첨하지 않고 부유하면서도 교만하지 않으면 됩니까?
> 괜찮다. 하지만 가난하면서도 즐거워하며, 부유하면서도 예절을 갖춘 것보다는 못하다.
> 그렇다면 시경에 자른 것 같고, 간 것 같고, 쪼은 것 같고, 닦은 것 같다라고 했는데, 바로 이를 두고 하는 말인가요?
> 자공이 말하였다. 그렇다. 이제 너와 시경을 이야기 할 수 있겠구나.
> 너에게 지나간 일을 알려 주었더니 앞으로 올 것을 아는 구나.(222)

「고저왕이지래자(告諸往而知来者)」는 곧 사자성어 「고왕지래(告往知來)」로, '어떤 사실을 알려주니 다른 것을 유추해서 안다'는 것이다. 어떤 한 사건을 통하여 다른 사건의 발생과 결과, 같음과 다름을 알 수 있음을 말한다.

「고왕지래」는 「거일반삼(擧一反三)」과 같다.

「거일반삼(擧一反三)」, 즉 하나를 거론하면 세 개를 미루어 유추한다는 뜻이다. 공자는 「지신(知新)」하지 않는 자는 학생으로 받아들이지 않았다. 이런 사람은 앞으로 스승이 될 수 있는 자격이 없기 때문이다.

만약에 공부하고 싶어하는 강렬한 욕망이 없으면 가르치기를 시작하지도 않을 것이고, 말로 어떻게 표현할 줄 몰라 괴로워하고 있지 않으면 말해주지 않을 것이며, 하나를 거론하였는데 세 개를 미루어 짐작할 줄 모르면 다른 것을 가르치지 않을 것이다.(223)

그렇다면 어떤 사람이 스승이 될 수 있는가.

한유(韓愈)는 나이의 많고 적음과 관계없이 나보다 먼저 도리를 깨달은 사람이면 된다 하였다.

'나보다 후에 태어났더라도 나보다 먼저 도를 깨달았다면, 그를 쫓아 스승으로 삼겠다. 나는 도리를 스승으로 삼고 있으니 어찌 나이가 많고 적음에 개의하겠는가. 그래서 귀천과 연배를 가리지 않으며, 도리가 있는 곳에 스승이 있는 것이다.'(224)

'공자는 세 사람 가운데 반드시 스승이 있다 하였다. 그러므로 제자가 반드시 스승만 못한 것이 아니고, 스승이 반드시 제자보다 현명한 것도 아니다. 다만 도리를 깨닫는데는 선후가 있고 기술의 전공에 따라 스승을 삼으면 되는 것이다.'(225)

「지신」은 변화와 창조와 혁신이다. 변화와 창조와 혁신이 없으면 흐르지 않는 물과 같다. 개인과 조직이 발전하기 위해서는 변화와 혁신이 중요한 법이다.

젊은이의 상상과 도전은 꿈이 있기 때문에 변화하고 창조와 혁신으로 이어지는 것이다. 어른의 고정관념이 젊은이의 걸림돌이 되어서는 안된다.

21세기는 디지털 전쟁시대이다. 변화와 창조와 혁신을 하지 않으면 반드시 도태된다. 혁신만이 세계를 지배하고 앞서 나갈 수 있는 길이다.

스티브 잡스는 자신이 만든 애플에서 쫓겨났다가 그 회사가 위기에 빠진 뒤에야 돌아왔다. 그는 애플이 구색을 맞추기 위해 내놓은 제품 대부분을 생산 중단하였다. 그는 애플의 부활은 디지털 음악 시장에 달려 있다고 확신했다. 디지털 음원을 재생할 수 있는 아이팟의 용량이나 기술적 특징보다 외형적 특성에 집착했다. 하얀 이어폰이 꼽힌 아이팟을 들고 있는 것만으로도 무언가 멋진 사람이 된 듯 한 착각을 불러일으키는 것이 바로 잡스의 목표였다. 잡스는 아이팟을 월마트 같은 대형 유통망에 납품하지 않았다. 그것이 진열대에 놓여 다른 MP3플레이어와 비교되는 순간, 아이팟이 똑같은 싸구려로 전락할 것이라는 생각 때문이었다. 아이팟을 전시하는 애플 매장은 고급 자동차 매장처럼 꾸며졌다. 소비자들은 잡스의 뜻대로 움직였다. 마이크로소프트 엑셀을 사용하거나 구글 검색엔진을 사용한다고 멋져 보이지는 않는다. 그러나 아이팟을 들으면 멋져 보인다고 소비자들이 느끼기 시작했다. 아이팟, 아이팟 미니, 아이팟 나노 등이 잇달아 인기를 끌었다.

아이팟의 판매가 정점에 오르기도 전, 잡스는 「지신(知新)」적인 안목으로 새 사업을 은밀히 구상하고 있었다. 모두 잡스를 비웃

었지만, 잡스는 노키아, 모토로라 등 거인이 자리잡고 있던 휴대폰 시장에 뛰어들었다. "휴대폰은 PC와 다르다"라는 이유에서였다. 잡스는 직원들이 미치기 직전까지 그들을 닦달했다. 잡스의 혁신은 '터치'였다. 그는 아이폰에 단 하나의 버튼만을 원했고, 이외의 모든 것은 '터치'였다. 잡스 이전엔 그 누구도 인터넷을 손으로 어루만질 수 있다는 아이디어를 내지 못했다. 소비자들은 다시 한번 열광했다. 태평양 건너편에서도 밤을 새면서 섬세하게 연출된 잡스의 신제품 발표회를 기다리는 팬이 생겼고, 애플 신제품이 출시되는 날 새벽부터 줄을 서는 풍경은 흔하게 볼 수 있게 되었다. (《디지털 워》, 찰스아서 지음, 이콘, 경향신문 2012년 8월 4일 16면 〈책과 삶〉 인용)

혁신은 남의 시선을 의식하고 두려워하지 않는 것이다. 확신이 서면 과감히 실천으로 옮겨야 한다. 실천하지 않으면 생각만 하고 배우지 않는 것이며, 배우되 생각하지 않는 것과 같다.

혁신적인 창조는 남의 동감을 사기 어렵다. 구색 맞추기 위해 내놓는 일반적인 제품은 일시적으로 비평과 비판을 피할 수 있을지 몰라도 결국은 세계적인 기업과 어깨를 나란히 할 수 없고 도태되고 만다.

『논어』를 비롯한 고전은 절대 고리타분하고 낡은 문화가 아니다. 현대 사회의 상황에 맞는 「온고지신」의 생활지침서이다.

그래서 맹자는 공자를 가리켜, 시기 상황에 맞게 적절하게 행동하는 사람이며 모든 학문을 모아서 조화시키고 집대성(集大成)한 사람이라 하였다. 공자는 오케스트라 연주의 훌륭한 지휘자와 같다. 고전음악과 현대 음악를 조화시키고, 관악기 · 현악기 · 타악기를 멋들어지게 하모니시켜 그때 그때 상황에 맞는 아름다운 음악을 완성시킨 사람이다. 그래서 2500년이 지난 지금도 공자의 여운은 여전하다.(226)

중국곡부(中國曲阜) 공묘(孔廟)의 금성옥진방(金聲玉振坊)

인용 원문

(218)

공자가 말하였다.

“옛 것을 파악하고 새로운 것을 알면 스승이 될 수 있다.”

子曰: “温故而知新, 可以爲師矣.” (≪論語 · 爲政≫02.11)

(219)

“배우고 때에 맞춰 그것을 익히니 또한 기쁘지 아니한가.”

“學而時習之, 不亦說乎.” (≪論語 · 學而≫01.01)

(220)

공자가 말하였다.

“배우되 생각하지 않으면 막막하게 되고, 생각만 하고 배우지 않으면 위태롭다.”

子曰: “學而不思則罔, 思而不學則殆.” (≪論語 · 爲政≫02.15)

「망(罔)」은 「惘(멍할 망, wǎng)」자와 같은 의미로 ‘알지 못하여 멍하며 답답한 상태’를 말한다.

(221)

“기수의 물굽이를 바라보니 왕골과 마디풀이 우거져 있네. 훌륭하신 우리 님이여. 깎고 다듬고 쪼고 간 듯하시네."

"瞻彼淇奧, 綠竹猗猗. 有匪君子, 如切如磋, 如琢如磨."(≪詩經 · 衛風 · 淇澳≫)

(222)

자공이 말하였다.

"가난하면서도 아첨하지 않고 부유하면서도 교만하지 않으면 어떻습니까?"

공자가 말하였다.

"괜찮다. 하지만 가난하면서도 즐거워하며, 부유하면서도 예를 좋아하는 것만 못하다."

자공이 말하였다.

"그렇다면 시경에 자른 것 같고, 간 것 같고, 쫀 것 같고, 닦은 것 같다라고 했는데, 바로 이를 두고 하는 말이군요?"

공자가 말하였다.

"그렇다. 이제 너와 시경을 이야기 할 수 있겠구나. 너에게 지나간 일을 알려 주었더니 앞으로 올 것을 아는 구나."

子貢曰: "貧而無諂, 富而無驕, 何如?"

子曰: "可也. 未若貧而樂, 富而好禮者也."

子貢曰: "《詩》云, '如切如磋, 如琢如磨, 其斯之謂與?"

子曰: "賜也! 始可與言《詩》已矣, 告諸往而知來者."

(≪論語 · 學而≫01.15)

(223)

"배우고 싶어하는 번민이 없으면 계도하지 않을 것이며, 말로 표현할 줄 몰라 애태우지 않으면 말해주지 않을 것이고, 하나를 거론하였는데 셋을 미루어 짐작하지 않으면 다시 가르치지 않겠다."

子曰: "不憤不啓, 不悱不發, 擧一隅, 不以三隅反, 則不復也."(《論語·述而》07.08)

(224)

"나보다 후에 태어났더라도 나보다 먼저 도를 깨달았다면 또한 그를 좇아 스승으로 삼겠다. 나는 도리를 스승으로 삼고 있으니 어찌 나이가 많고 적음에 개의하겠는가. 그래서 귀천과 연배를 가리지 않으며, 도리가 있는 곳에 스승이 있는 것이다."

"生乎吾前, 其聞道也, 固先乎吾, 吾從而師之. 生乎吾後, 其聞道也, 亦先乎吾, 吾從而師之. 吾師道也, 夫庸知其年之先後生於吾乎? 是故無貴無賤, 無長無少, 道之所存, 師之所存也."(韓愈, ≪師說≫)

(225)

공자는 말하였다. "세 사람 가운데 반드시 스승이 있다." 그러므로 제자가 반드시 스승만 못한 것이 아니고, 스승이 반드시 제자보다 현명한 것도 아니다. 다만 도리를 깨닫는데는 선후가 있고 기술의 전공에 따라 스승을 삼으면 되는 것이다."

孔子曰: "三人行, 則必有我師."
"是故弟子不必不如師, 師不必賢於弟子, 聞道有先後, 術業有專攻, 如是而已." (韓愈, ≪師說≫)

(226)
공자는 성인 중에서 시기 상황에 맞게 행동하는 분이시며, 집대성한 분이다.
집대성이란 금속 악기로 소리를 내기 시작하고 옥으로 만든 악기로 가락을 거두어 들이는 것과 같다. 금속 악기의 소리는 가락의 시작이고, 옥으로 만든 악기 음은 가락을 마무리하는 것과 같다. 시작의 음은 지혜로움을 가지는 일이고, 마무리하는 음은 성스러움을 가지고 하는 일이다.
지혜란 예를 들면, 공교로움과 같은 것이다. 성스러움이란 예를 들어, 힘이 있는 것과 같다.
백보의 거리에서 활을 쏠 때, 화살이 과녁에 까지 이르는 것은 너의 힘 때문이지만, 적중하는 것은 것은 너의 힘 때문이 아닌 것과 같다.

"孔子, 聖之時者也. 孔子之謂集大成.
集大成也者, 金聲而玉振之也. 金聲也者, 始條理也. 玉振之也者, 終條理也. 始條理者, 智之事也. 終條理者, 聖之事也.
智, 譬則巧也. 聖, 譬則力也. 由射於百步之外也. 其至, 爾力也. 其中, 非爾力也."(≪孟子 · 萬章下≫)

중국곡부(中國曲阜) 공묘(孔廟)의 성시문(聖時門)

저자
최남규(崔南圭)
대만동해대학 박사 (1994년, 중국고대언어학)
중국남경대학 박사 (2000년, 중국고대시율학)
중국남경예술대학 박사 (2005년, 서예학)
전북대학교 중어중문학과 교수

저서
전국시대 초간과 서예 (2008, 서예문인화)
중국고대 금문의 이해 (2009, 신아사)
중국고대 금문의 이해Ⅱ (2010, 신아사)
중국 전국시기 초나라 문자의 이해 (2012, 학고방)
상해박물관장전국초죽서(공자시론, 치의, 성정론) (2012, 소명출판)

논어산책

초판 1쇄 발행 _ 2013년 8월 31일

저　　자 • 최 남 규
발 행 인 • 정 현 걸
발　　행 • 신 아 사
인　　쇄 • 예지인쇄
출판등록 • 1956년 1월 5일 (제9-52호)
주　　소 • 서울특별시 은평구 녹번동 28-36번지 2F
전　　화 • (02)382-6411 • 팩스 (02)382-6401
홈페이지 • www.shinasa.co.kr
E - MAIL • shinasa@daum.net

ISBN 978-89-8396-830-2 (93820)
저자와의 협의로 인지를 생략합니다.

정가 12,000 원